좋은 그리스도인

좋은 그리스도인

초판 1쇄 발행 2024년 4월 5일

지은이 조천업
펴낸이 장길수
펴낸곳 지식과감성#
출판등록 제2012-000081호

교정 주경민
디자인 강샛별
편집 오정은
검수 김지원, 정윤솔
마케팅 김윤길, 정은혜

주소 서울시 금천구 벚꽃로298 대륭포스트타워6차 1212호
전화 070-4651-3730~4
팩스 070-4325-7006
이메일 ksbookup@naver.com
홈페이지 www.knsbookup.com

ISBN 979-11-392-1767-4(03230)
값 12,000원

- 이 책의 판권은 지은이에게 있습니다.
- 이 책 내용의 전부 또는 일부를 재사용하려면 반드시 지은이의 서면 동의를 받아야 합니다.
- 잘못된 책은 구입하신 곳에서 바꾸어 드립니다.

이 책에는 아래 저작물이 사용되었습니다.

〈주의 길을 가리〉
Copyright ⓒ 김석균. Administered by CAIOS. All rights reserved. Used by permission.

지식과감성#
홈페이지 바로가기

소명에 헌신하는 삶
좋은 그리스도인

조천업

차례

서문 6
추천의 글 10

제1부 소명에 헌신하기

1. 들 말 14
2. 소명에 헌신하기 18
   1) 소명: 신앙생활 21
   2) 성령: 사역과 사귐의 가능성 25
   3) 증언: 하나님으로 충만한 세상 30
3. 시험을 이겨 내기: 영적 성숙의 길 34
   시험: 상향성을 향한 충동 39
4. 그리스도를 나타내기 56
   1) 교회: 우선적 소명 61
   2) 말씀: 하나님과 일치 69
   3) 기도: 하나님과 연결 75

제2부 하향의 힘 기르기

5. 고난도 기쁘게　　　　　　　　　　84
6. 참된 보상　　　　　　　　　　　　89
7. 주님의 자비와 긍휼을 내놓는 것　　94
8. 하나님이 주가 되시는 세상　　　　98
9. 누가 이기는가?　　　　　　　　　102
10. 그리스도와의 연합　　　　　　　106

서문

***

 C. S. 루이스는 《순전한 기독교》에서 "천국을 지향하면 세상을 '덤으로' 얻을 것입니다. 그러나 세상을 지향하면 둘 다 잃을 것입니다." "로마 제국이 기독교 국가로 전환하는 데 토대를 놓은 사도들이나 중세를 확립한 위대한 인물들, 노예 제도를 폐지시킨 영국의 복음주의자들이 지구상에 이 모든 흔적을 남길 수 있었던 것은 그들의 마음이 천국에 사로잡혀 있었기 때문입니다. 그러나 많은 그리스도인이 다음 세상에 대해 더 이상 생각하지 않게 되면서, 기독교는 세상에서 그 힘을 잃고 말았습니다."라고 말했습니다.

 그리스도인들이 천국이 아니라 이 세상의 복과 성공에 마음이 사로잡혀 교회가 거룩한 영향력을 잃어버렸다는 거예요. 한국교회가 일본식민지 시대, 한국전쟁, 60년대의 빈곤 시대에는 천국을 소망하고 있었기에 교회의 거룩함을 보여 줄 수 있었습니다. 산업화 물결에 교회도 성장을 지향하면서 천국 소망보다 이 세상 복에 대해 갈망하게 되었습니다. 교회가 하나님의 도움을 받아 잘 살아 보자면서 그 성스러움을 잃어버렸습니다.

 헨리 나우웬은 《세상의 길 그리스도의 길》에서 "오늘의 교회는 부와 성공, 상향성에 빠져 있다." "높아지고 많아지고 강해지려는 세상의 길과 혼합되지 말고, 낮아지신 예수의 길을 가는 성육신의 삶을 살아야 한다."라고 말했습니다.

요 5:39 너희가 성경에서 영생을 얻는줄 생각하고 성경을 상고하거니와 이 성경이 곧 내게 대하여 증거하는 것이로다

성경이 예수를 증언하고 있기에 성경을 신앙과 삶의 기초로 둔 교회 역시 예수를 드러내는 데 중심이 있어야 합니다. 세상처럼 많아지고 높아지고 강해지는 상향성의 삶이 아니라 인간을 죄에서 구원하려고 보좌를 버리고 세상으로 하향하신 예수와의 연합이 우리가 지향해야 할 삶이며 신앙의 본질입니다. 그리스도와의 연합이 구원이며 천국이며 신자에게 주시는 궁극적 축복입니다.

"교회에서는 괜찮은 신자로 보이지만 교회 밖에서는 세상 사람과 같다."라는 이야기를 듣는 것도 개인적으로 하나님과 연합하는 과정이 없기 때문입니다. 《세상의 길 그리스도의 길》은 "신자들이 세상과 같이 탐욕과 상향성에서 빠져나오지 못하고 있다."라며 "신앙생활을 통해서 상승을 얻는 것이 아니라 예배와 말씀 기도의 훈련을 통해서 하향하신 예수님과 연합하는 성육신을 얻는 것이다."라고 말했습니다.

행크 해네그래프는 그 훈련의 시간을 "*내가 하나님께 무엇을 얻어내기 위한 시간이 아니라 목숨을 바쳐 사랑해야 할 분과의 친밀함을 쌓아 가는 시간이다.*"[1]라고 말했습니다. 그렇다면 예수의 형상을 닮아 가는 연합은 집단에서가 아니라 하나님과 친밀함을 더해 가는 골방에서 시작되는 것임을 알게 됩니다.

이재철 목사는 《회복의 신앙》에서 같은 의미의 말을 했습니다. "*신앙의 동기는 집단적일 수 있습니다. ─ 그러나 주님과의 연합은 지극히*

---

1) 행크 해네그래프, 《바벨탑에 갇힌 복음》, 새물결플러스, 2015, 18쪽

개인적인 과정을 거쳐야 합니다. 하나님은 진리이시기 때문입니다. 진리는 절대 집단적으로 얻어지지 않습니다. 진리 앞에 무릎을 꿇고 홀로 깨어 있을 때 비로소 진리는 내 속에 들어와서 좌정하는 것입니다.[2]

집단에 묻어가고 뭉쳐 가는 신앙이 아니라 하나님과 개인적으로 대면하는 시간에서 예수 그리스도의 장성한 분량에 이르게 됩니다. 그래서 누구에게나 하나님과 단독자로 만나는 예배와 말씀 기도의 시간이 요구됩니다.

간혹 그리스도인으로 살면서 죄짓고 죄책감에 사느니 차라리 예수 믿고 바로 죽어 천국에 가는 것이 더 좋지 않겠느냐는 말을 듣습니다. 말씀대로 살지 못하는 것에 대한 압박감에 하는 말인 것 같습니다. 그러나 하나님은 그리스도인에게 천국에 가는 권세만 주신 것이 아니라, 예수의 형상을 본받아야 하는 소명도 함께 주셨습니다. 그러니 믿고 바로 천국 가면 아들의 형상을 본받을 기회를 잃어버리게 됩니다. 이 소명에 응답할 기회가 있다는 것이 축복입니다. 이 축복된 기회를 감사하며 예수의 형상을 본받기를 원하시는 하나님의 소원을 즐거움으로 이루어 드려야 합니다. 이것이 신앙의 본질이고 목적입니다.

헨리 나우웬의 《세상의 길 그리스도의 길》을 읽게 되었습니다. 78쪽의 얇은 책이지만 글은 마음 깊이 들어왔습니다. 공감하며 부끄러움도 느꼈습니다. 부끄러움이란 그가 글만 쓰는 사람이 아니라 성육신의 삶을 위해 그렇게 살았다는 것에, 그렇지 못한 저의 성찰입니다, 마사형통 기복, 성장, 세속화, 자기중심에 절어 있는 교회에 반

---

2) 이재철,《회복의 신앙》, 홍성사, 1999, 36쪽.

성과 깨우침을 주며 그리스도인이 살아야 할 삶이 무엇인지 꿋꿋이 밝혀 준 글입니다.

 그 반성과 다짐이 이 글을 쓴 동기가 되었습니다. 그의 글에 영향을 받았고 여러 부분 인용하였으며 '예수 그리스도의 장성한 분량에 이르러야 할 소명'을 주제로 삼았습니다. 2부는 주제와 연관된 곁생각들을 조금 더 붙여 보았습니다. 성경은 사정상 개역한글판을 사용하였습니다.

 여름 수련회를 다녀오며 "좋은 크리스천이 되었으면♬"이란 가사가 반복되는 복음성가를 듣게 되었습니다. 그냥 교인이 아니라 하나님이 바라시는 좋은 크리스천이 되고 싶다는 찬양에 공감이 있었고 그 공감을 책명으로 쓰게 되었습니다.

 참된 신앙을 고뇌하는 구도자를, 주께서 만져 주시는 시간이 되기를 간구합니다. 《성약사색 제1권(창세기)》을 출간했을 때 여러분들이 격려해 주시고 영적 경험을 피드백해 주신 것이 소책을 내는 용기가 되었습니다. 감사드립니다.

 "읽고 한 사람이라도 은혜받으면 귀한 일 아니냐."라며 출판을 지원해 주신 동부제일교회 김한용 목사님과 대구남산교회 이영시 권사님께 감사드립니다. 또한 미문의 추천의 글을 써 주신 분들에게도 감사를 드립니다.

 주 예수 그리스도시여, 자비를!

조천업

추천의 글
***

　자신의 힘과 능력으로 상승을 이루어 내려는 이기적 싸움이 치열한 세상입니다. 이런 세상에서 그리스도인은 하나님의 영광과 주권을 하향의 삶으로 드러내셨던 그리스도의 현현자로 부르심을 받았습니다. 《좋은 그리스도인》은 우리들을 하나님으로부터 다시 낚아채어 가려는 사탄의 유혹이 이 세상에서 상향하려는 욕망으로 나타나고 있음을 밝힙니다. 또한 그리스도인은 하향하신 예수 그리스도의 장성한 분량으로 자라 가야 할 소명이 있음을 분명히 일깨워 줍니다. 이 소명에 충성을 다하는 것이 신앙생활이며 성화의 길임을 보여 줍니다. 세월을 낭비하게 만드는 상향의 시험을 이기고 그리스도의 장성한 분량까지 돕는 좋은 안내서입니다. 《좋은 그리스도인》은 얇지만 신앙의 본질을 깨우치는 무겁고 소중한 책입니다. 우리 모두 그리스도의 현현자가 되는 것을 그려 봅니다.

박숙희 사모
송파구 마천동 동부제일교회

목사님의 창세기 묵상에 이은 두 번째 책에서 온 마음으로 설파하는 말씀은 "하나님은 우리가 아들의 형상을 본받기를 원하신다."입니다. 많은 이들이 부와 성공의 상향성에 빠져 있는 현실을 자각하는 데서 출발하여 유혹을 떨쳐 버리고 교회와 성경과 기도의 훈련에 집중하는 삶을 통해 성화를 이루자고 반복과 체험 사례와 열의로써 지루하지 않게 설득하고 있습니다. 석학들의 저서를 인용하여 객관성과 신뢰성을 갖고 책을 읽을 수 있게 하였습니다. 2부에서는 신자가 이기적 문제해결에 집착하는 유아적 상태에서 벗어나 아들의 형상을 드러내기까지 성장하기를 원하시는 아버지의 뜻을 굳게 붙잡고, 상황이 힘들고 어려워도 타협하지 않고 고난을 이겨 내는 것이 신자에게 부어진 영적 DNA라고 말합니다. 특히 그 예수의 형상 드러내기를 기뻐하는 것 자체가 신자에게 주신 특권이며 참된 보상이라는 말씀에 깊은 울림이 있었습니다.

박용 권사
성동구 사랑의교회

제1부
소명에 헌신하기

그가 아름다운 관을

네 머리에 두겠고

영화로운 면류관을

네게 주리라 하셨느니라

(잠언 4장 9절)

1
들말

저는 목회자의 가정에서 태어나 기독교 문화에서 자랐습니다. 평생 교회를 떠나 본 적이 없습니다. 젊은 날 회사에서 인정도 받고 승진도 하고 집도 사고 부유와 성공을 꿈꾸었습니다. 목사가 돼서는 교회의 부흥과 성장을 꿈꾸며 밤낮없이 힘을 다하였습니다. 나의 부유와 성공, 명예와 발전을 위해 하나님의 도와주심을 간구하였습니다. 이게 저의 삶의 전부였던 것 같습니다.

상향성의 세상이나 성장주의에 매몰된 교회에서는 부와 성공, 부흥 성장 발전을 추구하는 것은 당연하고도 자연스러운 일이었습니다. 저는 세상의 부와 성공, 상향성의 물결에 어우러져 흘러가고 있었습니다. 성장이란, 정점을 향하여 달리는 기차 같아서 자기 백성을 향한 하나님의 소원을 돌아보지 못했습니다. 이 상향성의 세상에 어울리느라 그리스도인이 살아 내야 할 진리를 돌아보지 못했습니다.

부와 성공, 상승을 위해 달려가는 상향성의 세상에서 거듭난 그리스도인이 어떻게 살아야 할까요? 바울은 "예수 그리스도의 장성한 분량이 충만한 데까지 이르는 영적 성숙"이라고 말했습니다. 이 그리스도로 충만해지는 것을 성화라고 말합니다

> 엡 4:13 우리가 다 하나님의 아들을 믿는 것과
> 아는 일에 하나가 되어 온전한 사람을 이루어
> 그리스도의 장성한 분량이 충만한데까지 이르리니

> 롬 8:29 하나님이 미리 아신 자들로
> 또한 그 아들의 형상을 본받게 하기 위하여 미리 정하셨으니
> 이는 그로 많은 형제 중에서 맏아들이 되게 하려 하심이니라

성화는 자기 백성을 향한 하나님의 소원이고 그리스도인이 받은 소명입니다. 그리스도인은 예수를 구주로 믿는 믿음으로 시작됩니다. 그리고 하나님이 계획하신 그리스도의 장성한 분량에 이르기까지, 아들의 형상을 본받기까지 그 온전함을 채워 가는 여정을 이어 가게 됩니다.

예수께서 십자가에서 나의 죄를 대속하셨다는 복음은 소명을 교집합으로 품고 있습니다. 그것은 우리가 구원받을 때 소명도 함께 받았다는 말입니다. 그래서 그리스도인으로 산다고 하는 것은 소명에 헌신하며 사는 여정이 됩니다. 하나님은 우리가 갓난아이에서 아비에까지 자라며 예수 그리스도의 장성한 분량까지 이르는 성화의 삶을 소명으로 주셨습니다.

국민일보 기사에 불교의 승려가 어찌해서 성경을 읽다가 신비한 체험을 하고 기독교로 개종한 후 신학을 공부해서 목사가 되었다는 기사를 읽게 되었습니다. 참 반갑기도 하고 만나서 얘기해 보고 싶은 마음이 들어 수소문해 찾아갔습니다. 목사님의 집 거실에 들어서자, 섬찟 놀랐습니다. 한쪽에 단을 만들어 놓고 가운데 십자가 형상

을 두고 양쪽으로 촛불을 켜 놓았습니다. 그 앞에는 두툼한 방석이 놓여 있는 것이 불당과 비슷했습니다. 거기서 예배하고 기도하며 하나님의 음성을 듣는다고 합니다. 기독교로 귀의했지만, 몸에 밴 신앙 행태나 사고는 버리지 못했습니다.

한국교회는 전통 무속신앙, 불교, 유교라는 토양 위에 들어왔습니다. 그래서 복음을 믿고 그리스도인이 되었다고 해도 기존 신앙 행태에서 받아들인 것이기에 기존 신앙의 습성이나 사고가 투영된 혼합신앙이 어쩔 수 없이 나타난다고 하겠습니다. 기복이나 조상신(祖上神), 윤리나, 양심, 권선징악, 인과응보와 같은 사고가 복음과 혼합해서 나타나게 됩니다. 그래서 "한국교회는 짬뽕 신앙이다."라는 말이 있습니다. 한국 기독교 역사가 140년이 되지만 기존 토양과 혼합된 모습을 벗지 못하고 있습니다.

특히 무속 기복신앙은 신앙생활 전반에 굳건히 자리 잡고 진보하고 있습니다. 갓난아이가 울고 보채며 젖 달라고 하는 것처럼 하나님께 '구하고 찾고 두드리며' 도움을 구하는 신앙 행태를 부정할 수는 없습니다. 그러나 예수님은 우리의 복과 성공 명성을 위해 세상에 오신 것이 아님도 알아야 합니다. 예수님은 오직 아버지 하나님의 영광과 뜻만을 위해 사셨습니다. 그런 예수님의 삶을 따라 살아내는 것이 우리가 받은 소명입니다.

오늘 기복 설교는 인간의 탐욕에 불을 붙였고, 아이로 청년으로 아비로 자라 가야 할 소명에는 무심하게 되었습니다. 오직 관심은 '잘되는 나'입니다. '좋아질 거야.' '잘될 거야.'라는 긍정주의 역시 예수 그리스도의 장성한 분량에 이르라는 하나님의 소원이나 세상의 빛 되기보다 '잘되는 나'를 추구하고 있습니다.

남침례교 신학교 앨버트 몰러 총장은 교회가 진리를 떠나 변질하는 현상을 "교회 강단에서 일어나고 있는 실패를 보여 주는 것"이며 "무엇이 기독교의 진리인지 무엇이 기독교 진리에 반하는 것인지 제대로 전달하지 못했다."라고 말했습니다.[3]

진리와 다른 길은 하나님과 원수 된 길입니다. 그래서 많아지고 높아지고 강해지는 것보다, 진리를 알고 분별하며 그 진리를 선택해야 할 책임이 있음을 알아야 합니다.

포스트모더니즘의 화두인 다양성은 진리가 아닌 것도 〈나와 다른 것〉으로 수용할 것을 강요하고 있고 그 결과 혼합신앙은 번창하고 있습니다. 오직 예수 구원을 외치는 교회는 공격받고 있으며 혐오하는 목소리도 거세지고 있습니다.

이런 세태에서 거듭난 그리스도인이 올곧이 집중해야 할 것은 하나님께 받은 소명입니다. 예수 그리스도의 장성한 분량으로 향하여야 하는 소명은 사역이기도 하지만 하나님을 경외하는 거룩한 성품이며 마귀를 대적하는 영적 전쟁이기도 합니다. 오늘 먼저 그리스도와 사귀고 배우며 그리스도를 닮아 내는 날이어야 합니다. 이 상향성의 물결에 맞서며 혼합주의를 이겨 내고 예수님처럼 영광의 하나님을 드러내는 삶이 되어야 하겠습니다.

> 요 17:4 아버지께서 내게 하라고 주신 일을 내가 이루어
> 아버지를 이 세상에서 영화롭게 하였사오니

---

[3] 크리스천투데이, 〈혼합주의 신앙을 경계하라〉, 2009. 12. 22.

2
소명에 헌신하기

롬 8:29 하나님이 미리 아신 자들로
또한 그 아들의 형상을 본받게 하기 위하여 미리 정하셨으니
이는 그로 많은 형제 중에서 맏아들이 되게 하려 하심이니라

엡 4:13 우리가 다 하나님의 아들을 믿는 것과
아는 일에 하나가 되어 온전한 사람을 이루어
그리스도의 장성한 분량이 충만한데까지 이르리니

제가 운전하고 있는 피아노 학원의 아이들은 적게는 세 개, 많게는 아홉 개의 학원 교습, 과외로 시간을 보냅니다. 아이들은 학원 생활을 힘들어하기도 하지만 부모에 의해 숙명처럼 담담히 받아들이는 것 같습니다. 내 아이만 안 다니면 경쟁에서 뒤처질 것 같아서인지 학원은 하나의 규칙이 되어 있습니다.

이렇게 아이들은 초등학교 때부터 성공과 부유와 명성을 얻고자 거센 경쟁에 내몰려 있습니다. 경쟁은 남을 이기고 넘어서야 하니 이기적일 수밖에 없습니다. 가톨릭 사제였던 헨리 나우웬은 이렇게 성공과 부유와 명성을 얻고자 경쟁하는 사회를 상향성의 사회라고 말했습니다. 이런 상향성의 사회는 '네 이웃을 내 몸같이 사랑하라'는 주님의 말씀과는 다른 사회입니다.

예수님은 '너희는 세상의 빛'이라고 말씀하셨습니다. 그것은 '너희는 세상에 본을 보이는 사람이다'라는 의미가 있습니다. 그렇다면 그리스도인들이 이런 상향성의 사회에서 함께 상승을 추구하며 경쟁하는 것이 본이 될까요?

바울은 에베소 교회 성도들에게 "너희를 구원하여 새로운 피조물로 삼은 것은 예수 안에서 선한 일을 행하게 하려는 목적이 있다."라고 밝혔습니다.

> 엡 2:8 너희가 그 은혜를 인하여 믿음으로 말미암아
> 구원을 얻었나니 이것이 너희에게서 난 것이 아니요
> 하나님의 선물이라

> 엡 2:10 우리는 그의 만드신바라
> 그리스도 예수 안에서 선한 일을 위하여 지으심을 받은 자니
> 이 일은 하나님이 전에 예비하사
> 우리로 그 가운데서 행하게 하려 하심이니라

구원은 우리의 선하고 아름다움에 근거한 것이 아닙니다. 추하고 모자라고 악한 모습 그대로인 채 구원을 받았습니다. 그래서 구원은 전적인 하나님의 은혜에 근거한 것입니다. 그 은혜 베푸신 목적이 '예수 안에서 선한 일을 위해서'라고 했습니다. 그러니까 '예수 믿고 천국 간다'로 그쳐서는 안 됩니다. "아들의 형상을 본받고"(롬 8:29) "예수 그리스도의 장성한 분량이 충만한 데까지 이르는"(엡 4:13) 선한 일에 헌신해야 합니다.

이 상향성의 사회에서 그들과 함께 경쟁하며 상승을 추구하는 것이 아니라 예수 따라가는 삶을 살아야 하는 것이 우리가 추구해야 할 소명이며 세상에 보여야 할 본입니다. 그것은 자기 백성을 향한 하나님의 소원이기도 합니다.

1) 소명: 신앙생활

> **요일 1:1** 태초부터 있는 생명의 말씀에 관하여는
> 우리가 들은 바요 눈으로 본 바요 주목하고
> 우리 손으로 만진 바라

집 근처 교회의 부흥회 마지막 날에 참석했습니다. 예배를 마치고는 강사가 자녀를 위해 예언하는 시간이 있었습니다. 교인들은 아이를 안고, 손에 잡고 헌금 봉투를 들고 강사 앞으로 나왔습니다. 무슨 예언을 하나 들어 보니, "이 아이는 의사가 되고, 저 아이는 교수가 되고, 사업가가 되고, 장관이 되고 판사가 되고…." 하는 식의 장래 직업에 대한 예언이었습니다. 예언을 받은 교인들은 하나같이 기뻐하며 얼굴에 화색을 띠고 돌아갔습니다. 자녀들이 상승적 직업을 갖게 된다니 좋은 겁니다.

이렇게 교회가 인간의 본능적 욕구인 상승을 얻으려고 하나님을 찾는 것이 과연 세상에 본이 될까요? 우리가 하나님께 받은 소명보다 우리의 욕구가 앞선다면, 자기 소원 이루겠다고 무당 찾듯이 하나님을 찾는 것을 기독교 신앙이라 할 수 있을까요?

요한이 본문에서 말한 '태초부터 있는 생명의 말씀'은 하나님이신 예수 그리스도를 지칭하는 것입니다(요 1:1, 14). '우리가 들은 바요, 눈으로 본 바요, 주목하고 우리의 손으로 만진 바라'는 것은 '우리가 경험했다'라는 말입니다. 1절을 줄여서 쓰면 "*태초부터 계신*

말씀이신 예수를 우리가 경험했다."가 됩니다. 그러면 우리가 어떻게 예수를 경험할 수 있겠습니까?

> 요 16:13 그러하나 진리의 성령이 오시면
> 그가 너희를 모든 진리 가운데로 인도하시리니
> 그가 자의로 말하지 않고 오직 듣는 것을 말하시며
> 장래 일을 너희에게 알리시리라

> 요 15:26 내가 아버지께로서 너희에게 보낼 보혜사
> 곧 아버지께로서 나오시는 진리의 성령이 오실 때에
> 그가 나를 증거하실 것이요

예수님은 내가 너희에게 성령을 보낼 것인데 그분이 너희를 나에게 인도하며 나를 증언해 줄 것이라고 말씀하셨습니다. 성령이 예수를 만나고 알고 경험하게 인도하신다는 거예요.

그러면 예수를 경험하도록 인도하신 목적은 무엇입니까? 사도행전 1장 8절은 '예수의 증인'이 되게 하려는 데 목적이 있다고 밝혔습니다.

> 행 1:8 오직 성령이 너희에게 임하시면 너희가 권능을 받고
> 예루살렘과 온 유대와 사마리아와 땅 끝까지 이르러
> 내 증인이 되리라 하시니라

우리는 하나님의 은덕을 입어 세상에서 성공하고 지위를 얻고 성장하고 부유와 명성을 얻는 상승의 삶에 부름을 받은 것이 아닙니다. "내가 경험한 생명의 말씀이신 예수를 증언하는 자로 소명을 받

았다."라는 것입니다. 내가 경험한 예수를 내 삶을 통해 드러내는 것이 우리가 살아 내야 할 신앙생활입니다. 우리가 봉사하고 헌금하고 기도하고 교제하고 사랑하고 예배하는 그 모든 헌신의 동기가 예수를 선명하게 드러내는 것이어야 합니다.

> 갈 2:20 내가 그리스도와 함께 십자가에 못 박혔나니
> 그런즉 이제는 내가 산 것이 아니요
> 오직 내 안에 그리스도께서 사신 것이라

바울은 '자기를 위해 사는 자'는 예수를 구주로 믿을 때 예수와 함께 십자가에서 죽었고 이제는 '예수로 사는 자'가 되었다고 증언합니다. 예수로 사는 이 소명이 우리가 이 땅에 존재하는 이유이며 목적이며 우리가 몰두해야 할 목표입니다. 이것이 상승을 경쟁하는 상향성 사회에 보여야 할 본이 됩니다.

내가 그리스도처럼 삶을 살 때 세상이 그리스도를 볼 수 있게 됩니다. 이것이 예수의 증인 된 삶이며 신자가 이루어 내야 할 소명입니다. 그래서 그리스도인은 항상 이 소명을 생각하며 살게 됩니다. '나는 예수로 충실하게 살고 있는가?' '소명하고 다른 길을 가고 있는 것은 아닌가?' 분별하며 살아야 합니다.

그리스도인이 상향을 추구하는 세상에서 소명에 헌신할 의지가 없이 산다면, 자연히 인간의 본성적 욕구인 상향성에 어우러져 살게 됩니다. 성공과 부유와 명성과 쾌락, 이런 본성적 욕구를 추구하는 것은 하나님의 부르심과는 다른 길입니다. 그래서 그리스도인은 이 상향성

을 따라 사는 것이 아니라, 끊임없이 소명을 생각하고 소명에 헌신하며 살아야 합니다. 소명에 헌신하는 그것이 상향을 추구하는 본능을 이기는 능력입니다. 부유와 성공 경쟁이 아니라 '예수가 우리가 가야 할 길'이고 '예수가 답'이라는 본을 보이며 살아가는 것입니다.

지금 우리는 무엇에 몰두하고 있습니까? 무엇을 하든지 우리가 예수처럼 살아갈 때, 세상은 살아 계신 예수를 보게 됩니다. 이 삶에 우리를 부르신 것입니다. 이 헌신을 영적인 삶, 신앙생활이라고 말합니다. 우리는 "교회가 세상의 희망이다!"라고 말합니다. 교회만이 예수를 드러낼 수 있기 때문입니다. 예수께서 교회에 자신을 충만하게 부으시기 때문입니다.

엡 1:23 교회는 그의 몸이니
만물 안에서 만물을 충만케 하시는 자의 충만이니라

"교회는 그리스도와 한 몸을 이루었고 그리스도는 교회를 자신으로 충만하게 하신다."라고 교회를 정의했습니다. 그렇다면 그리스도인의 신앙생활이란 먼저 예수를 보는 것이어야 합니다. 어떤 예수입니까? 자신으로 충만케 채우시는 예수입니다. 신앙생활이란 부으시는 그리스도를 받아들이는 것, 채워진 그리스도를 공동체에 내어놓고 세상에 내어놓는 것입니다. 이것이 그리스도인이 받은 소명입니다. 오늘 그리스도를 받아들이는 날이어야 하겠습니다. 받은 것이 있어야 내어놓을 수가 있습니다. 그리스도를 받아들이는 것이 없으면 인간의 퇴성을 내놓을 뿐입니다.

2) 성령: 사역과 사귐의 가능성

오래전 승려 한 분이 목양실로 찾아왔습니다. "목사님, 성경책 한 권만 주십시오. 다른 사람에게 전해 주려고 합니다." 이 낯선 말에 저는 "선생님은 성경을 읽습니까?"라고 물었습니다. 승려는 "나는 열 번도 더 읽었습니다. 좋은 말씀이니 중생들이 많이 읽어야지요."라고 답을 하더라고요. 그래서 저는 성경은 내가 전할 테니 선생님은 나와 같이 식사하면서 이야기하자고 했더니 그냥 가 버리더라고요. 그는 두꺼운 성경을 열 번 이상 읽었지만, 구원도 믿음도 얻지 못했습니다. 그저 마음의 양식에 지나지 않았습니다.

그런데 사도행전 10장에 보면 로마 장교 고넬료라는 사람이 베드로를 초청하여 설교를 한 번 듣습니다. 즉시 믿음이 생겨 신앙을 고백하고 침례를 받았습니다. 성경을 열 번을 읽었어도 구원이 없었지만, 한 번의 설교를 듣고도 믿게 되었습니다. 성령의 강권하시는 은혜의 역사가 있었던 거예요.

> 슥 4:6下 만군의 여호와께서 말씀하시되
> 이는 힘으로 되지 아니하며 능으로 되지아니하고
> 오직 나의 신으로 되느니라

예수를 증언하려면 증언할 소재가 필요합니다. 이 소재는 예수 그리스도와 친밀한 사귐을 통해서 얻게 됩니다. 그분을 만나 우리의 귀로 그분의 음성을 듣고, 우리의 눈으로 그분을 보고, 우리의 손으로 그분을 만져 보았을 때 비로소 참된 증언의 소재를 가지게 되는 것입니다.

그러면 본성적으로 육신의 정욕을 추구하는 인간이 어떻게 그리스도와의 사귐으로 나갈 수 있겠습니까? 예수님은 성령이 임하시면 너희가 그리스도의 증인이 되리라 말씀하셨습니다. 임하신 성령은 자기 백성을 생명의 말씀이신 예수께로 인도하여 그와 만나고 사귀고 경험하도록 이끄십니다. 그 경험한 예수를 소재로 증언하도록 인도하십니다. 경험과 증언은 이렇게 한 몸처럼 따라 나타나게 되는 것입니다.

[경험한 예수], 이 참된 소재가 없는 사역은 육신의 본성이 나오게 될 뿐입니다. 그래서 교회의 모양은 있으나 육신의 정욕으로 가득한 종교집단에 불과한 것입니다. 제자들의 증언도 예수님과 3년 동안 함께 사귄 기반을 성령께서 일깨우신 것입니다.

예수님께서 제자들에게 "인자가 고난받고 죽었다가 사흘 만에 살아나리라." 말씀하셨습니다. 제자들은 이 죽었다가 살아나신다는 말씀을 도저히 이해할 수 없었습니다. 그래서 베드로는 "주여 그리하지 마옵소서 결코 그런 일은 일어나지 않을 것입니다."라고 말했습니다. 예수님은 베드로에게 "사탄아, 물러가라. 네가 하나님의 일을 생각하지 않는구나."라며 책망하셨습니다.

제자들은 성령이 임하시기 전에는 예수님이 가르치신 진리를 깨닫지 못했고, 예수님이 당하신 고난의 의미를 몰랐고, 왜 십자가에서 죽어야 했는지를 알지 못했습니다. 그러나 성령이 임재하시니 비로소 그 모든 것을 깨닫게 되었습니다. 그러고는 예수를 드러내는 증인으로 살았습니다. 예수를 증언하는 소명에 헌신한다는 것은 성령 충만의 결과입니다. 이것이 신자가 성령 충만을 간구해야 할 이유입니다.

> 엡 5:18 술 취하지 말라 이는 방탕한 것이니
> 오직 성령의 충만함을 받으라

우리가 술에만 취하는 것이 아니라, 돈에도 취하고 성공에 취하고 명예나 권력, 세상 재미에 취해서 살게 됩니다. 부와 성공이 나쁜 것이 아니라 거기에 취하고 매료되어 사는 것이 믿음에서 떠나 육신을 위해 살게 합니다. 하나님의 뜻을 떠나 육신의 일에 매료되어 사는 것이 방탕한 삶인 것입니다. 이 방탕한 삶에 이르지 않기 위해 성령의 충만을 받으라고 하신 거예요. 성령께서 감동, 감화, 압도하셔서 예수를 드러내는 소명을 소중하게 여기고, 소명에 헌신하도록 이끄십니다. 이 소명에 헌신하는 것이 방탕한 삶을 이기는 길이기 때문입니다.

그러면 내가 성령 충만한가를 어떻게 알 수 있겠습니까? 방언이나 남다른 능력 나타남을 통해서입니까? 전보다 선해지고 신앙생활을 열심히 하는 것을 통해서입니까? 확실한 증거는 소명에 헌신하고 있는가를 통해서 알게 됩니다. 성령은 소명에 헌신하도록 이끄시고 세상 정욕을 이기도록 인도하시기 때문입니다.

교우들이 만나서 나누는 이야기는 무엇입니까? 부동산 이야기, 드라마 이야기, 정치, 자녀, 여행 이야기, 맛집 이야기는 곧잘 합니다. 그러나 예수 이야기는 안 합니다. 왜 교우들이 만나서 세상 얘기만 하는 것일까요? 하나님과 교제가 없기 때문입니다.

예수를 개인적으로 만나고 사귐을 통해서 주의 은혜와 자비와 긍휼과 사랑과 공의를 경험합니다. 그 경험을 성도의 교제에서 나누는 것입니다. 하나님께서 어떻게 도우시고 어떻게 위로해 주셨는가, 어떻게 말씀하시고 어떻게 이끄셨는가를 나누는 것이 참된 교제라 하겠습니다.

오늘 우리 공동체 안에 용서가 있습니까? 예수께서 베푸신 배려와 격려가 있습니까? 예수가 나누어지고 있습니까? 없다면 하나님과 사귐이 없기 때문입니다. 우리가 성경적 지식과 예배드리는 신앙 문화는 가지고 있지만, 하나님을 만나고 경험하는 시간이 없다면 그 모든 것은 종교 생활이 될 뿐입니다.

육신의 생각은 상승의 삶을 추구하지, 예수가 나누어지는 것을 원하지 않습니다. 이렇게 육신의 정욕이 가득한 인간이 어떻게 소명에 가치를 두고 헌신할 수 있겠습니까? 성령의 충만함으로 가능합니다. 성령은 자기 백성을 장악하여 본성인 정욕을 이겨 내게 하십니다. 생명의 말씀이신 예수께로 인도하고 소명에 응답하도록 이끄십니다. 이것이 우리가 성령의 충만함을 구하여야 할 이유입니다.

바울은 에베소서 1장에서 성령이 임하셔서 하나님을 알게 하신다고 말했습니다. 그것은 피상적으로 아는 것이 아니라 개인적인 친밀한 사귐을 통해서 경험한 충만하고 감화된 앎입니다. 우리가 예수께서 구주시며 하나님 되심을 믿게 된 것이 이성적으로 이해되어서가 아니라, 과학적으로 증명되어서가 아니라, 성령께서 나를 압도하고 감화하사 믿게 하신 것입니다. 그 성령께서 삶에서 예수를 드러내도록, 소명에 헌신하도록 다스리고 계십니다. 모든 상황에서 그의 다스리심을 받아들이는 것이 그리스도의 장성한 분량으로 나아가는 길입니다.

3) 증언: 하나님으로 충만한 세상

이재철 목사의 《비전의 사람》에 소개된 이야기입니다. 유럽의 한 목사님이 한국을 자주 방문하면서 한국교회를 잘 알게 된 후 이렇게 평하였다고 합니다. "한국의 신자들은 세 가지밖에 모르는 것 같다. 첫째는 하나님, 둘째는 자기 자신, 셋째는 돈."이라는 것입니다. 새벽부터 하나님을 열심히 섬기는 이유가 자기 자신과 자기 가족을 위해서, 돈을 위해서입니다. 지극히 이기적인 신앙인 것입니다.[4]

오늘의 교회는 기도 응답에, 문제 해결에, 성공에, 축복에 매몰되어 있습니다. 이렇게 자기에 매몰된 이기적 신앙은 세상이 추구하는 상향성의 사회와 다를 바가 없습니다. 자기 상승을 추구하는 이기적 신앙으로는 예수를 나타낼 수가 없습니다.

성령은 우리를 예수와의 친밀한 사귐으로 인도하십니다. 이 사귐에서 우리가 얻게 되는 것은 이 세상에서의 부유나 성공, 명성이 아니라 주님을 사랑하게 됨을 얻습니다. 아가서의 술람미 여인이 솔로몬왕과의 사귐에서 얻은 것은, 값비싼 보석도 화려한 드레스도 높은 권력도 아니었습니다. 오직 술람미 여인을 보고 싶어 찾아오는 왕의 사랑이었습니다.

예수와의 친밀한 사랑의 관계를 '영적인 삶'이라고 합니다. 이 영적인 삶에서 그의 사랑과 자비와 은혜와 공의를 경험합니다. 우리는

---

4) 이재철, 《비전의 사람》, 홍성사, 2020, 10쪽.

그 경험한 예수를 삶으로 드러냅니다. 이렇게 우리 가운데 계신 예수를 드러내는 증언이 교회가 받은 소명이며 우리가 살아가야 할 영적인 삶입니다.

내가 지금 교우에게 내놓는 위로는 하나님께 받은 위로입니다. 아내에게 내놓는 배려는 하나님께 받은 배려입니다. 이렇게 내가 경험한 하나님을 그 공동체에 채우며 살기를 원하신 것입니다. 그래서 하나님으로 충만한 세상이 되도록 계획하신 것입니다.

하박국 선지자는 "물이 바다를 덮음같이 여호와의 영광을 인정하는 *것이 세상에 가득하게 될 것*"(합 2:14)을 선포하였습니다. 하나님의 영광으로 가득한 세상이 하나님이 계획하신 세상입니다. 오늘 우리 교회에서는 하나님의 은혜와 사랑과 긍휼이 드러나고 있습니까? 우리 가정에서는 하나님의 용서와 인내와 자비를 드러내는 증언이 나타나고 있습니까? 하나님의 영광만으로 가득한 세상을 소망하고 있습니까?

요한은 3절에서 이 증언의 목적을 분명하게 밝혔습니다.

> 요일 1:3 우리가 보고 들은 바를 너희에게도 전함은
> 너희로 우리와 사귐이 있게 하려 함이니
> 우리의 사귐은 아버지와 그 아들 예수 그리스도와 함께 함이라

예수와의 친밀한 사귐은 예수를 경험하고 무엇을 하든지 경험한 예수가 반영된 삶을 살게 합니다. 이 증언을 목격한 다른 이들이 예

수를 구주로 믿고 우리의 사귐 안에 들어오게 됩니다. 다른 이들이 우리가 드러내 보인 예수를 보고 우리의 사귐 안으로 들어오게 하는 것이 증언의 목적이며 교회가 받은 소명이며 참된 전도입니다. 복음을 전한다고 하는 것은 예수를 전하는 것입니다. 오늘 복음 전하는 교회가 비난을 받는 것은 입으로는 예수를 말하는데 예수는 보이지 않기 때문입니다.

빌립이 예수님께 하나님 아버지를 보여 달라고 말합니다. 예수님은 "내가 이렇게 오래 너희와 함께 있으되 네가 나를 알지 못하느냐 나를 본 자는 아버지를 보았거늘 어찌하여 아버지를 보이라 하느냐"(요 14:9)라고 말씀하셨습니다.

그동안 예수님이 하신 말씀, 사셨던 삶이 하늘 아버지를 드러내신 것이었어요. 오늘 세상이 하나님을 볼 수 없다고 말하는 것은 우리가 부유와 명성 성공에, 상승에 취해서 하나님을 드러내지 못했기 때문입니다. 그들에게 우리는 예수님처럼 '나를 본 자는 하나님을 본 것이다'라고 말할 수 있습니까?

백범 김구 선생이 독립운동을 같이 했던 동지의 아들 결혼식 주례사를 단 두 문장으로 끝냈습니다. "너를 보니 네 아비 생각이 난다, 부디 잘 살아라." 짧지만 울림이 있는 묵직한 주례사입니다. 오늘 사람들이 나를 보면 하나님이 생각날까요?

예수님은 자신이 아버지 하나님을 드러내신 것을 '하나님을 영화롭게 한 것'이라고 말씀하셨습니다.

> 요 17:4 아버지께서 내게 하라고 주신 일을 내가 이루어
> 아버지를 이 세상에서 영화롭게 하였사오니

우리가 하나님의 영광을 위해 산다고 할 때, 무슨 큰일이나 많은 것을 생각합니다. 그러나 예수님은 하나님을 세상에 드러내는 증언이 하나님께 영광을 드리는 것임을 밝히셨습니다.

예수님은 "내 사역은 하나님의 영광을 드러내는 것이다."라고 말씀하신 것입니다. 예수님은 자기 권리를 내려놓고 성부 하나님의 뜻에 순종하여 십자가에서 죽으셨습니다. 그리스도인은 자기 권리를 내려놓고 나를 구원하신 하나님께 받은 소명에 헌신하는 사람입니다. 소명에 헌신하는 것이 하나님의 영광을 위해 사는 삶입니다.

그리스도인은 무엇을 하든지 다 하나님께 받은 소명과 연관되어 살게 됩니다. 무엇을 하든지 예수께서 하시는 일이 되어야 합니다. 그것이 하나님께 영광이 됩니다. 내게 주어진 그 돈, 그 시간, 그 재능과 직업과 능력이 사용될 때 예수께서 하시는 일이 되어야 한다는 것입니다. 이것이 신앙생활이고 하나님을 영화롭게 하는 길이며 성육신의 길입니다.

예수를 만나고 경험하고 그 예수를 세상에 드러내 보이고 증언하는 것이 신앙생활의 본질입니다. 이 교회의 본질을 회복해야 하겠습니다. 내가 상승의 삶을 소망하고 있다면 주님과 다른 길을 가는 것입니다. 예수 그리스도의 증인으로 사는 것이 기쁨이 되고 있습니까? 오늘 예수를 증언할 소재를 가지고 있습니까?

3

시험을 이겨 내기: 영적 성숙의 길

> 요 17:16 내가 세상에 속하지 아니함 같이
> 저희도 세상에 속하지 아니하였삽나이다

기복신앙이 "내가 부유와 명성과 성공을 얻겠다는 것은 하나님의 영광을 위해서다."라고 말은 하지만, 인간의 욕망을 하나님의 영광이라는 보자기로 미화시킨 것은 아닐까요?

한 부자 청년이 예수님을 찾아와 "어떻게 하면 영생을 얻을 수 있습니까?" 물었습니다. 예수님은 젊은이가 영생을 추구하는 것을 가상히 여기며 "네 소유를 팔아 가난한 자들에게 주고 너는 나를 따르라."라고 말씀하셨습니다. 이 말씀을 듣고 청년은 근심하며 돌아갔습니다. 재물도 포기할 수 없었고, 예수도 따를 수가 없었습니다(마 19:16-26). 청년은 재물로 안락을 누리는 삶과 겸하여 영생도 얻기를 원했습니다.

예수님은 이 청년을 통해 세상 욕망을 포기하지 못하는 인간의 본성을 드러내셨습니다. 배부른 소크라테스가 되려는 신자가 이상적으로 보이지만 희생이 따르는 그리스도의 길은 가지 않겠다며 돌아서는 부자 청년과 같은 자들입니다.

상향성은 정욕을 채우려는 인간의 본성이며 그리스도를 드러내야 하는 소명을 잊게 하는 유혹입니다. 기복신앙을 성경 구절과 연관시키며 미화하지만 예수 그리스도의 장성한 분량으로 성숙해 가야 할 소명과는 다른 상향성의 길입니다.

사람들은 부유와 성공과 명성을 가치로 생각합니다. 여기에 이르지 못한 것을 실패자나 부족한 사람, 문제가 있는 사람으로 평가합니다. 헨리 나우웬도 "오늘의 시대는 더 많아지고 더 높아지고 더 강해지는 것을 성장 또는 발전이라고 생각한다. 그래서 가난한 자, 병든 자, 장애인, 노인들은 정상적인 진보 대열에서 이탈한 사람으로 취급하게 된다."라고 말했습니다.

오늘의 사회가 역동적으로 보입니다. 그런데 그 역동의 실상은 상승에 몰두하며 남보다 더 잘되려고 경쟁하는 욕망의 충돌입니다. 상승 라인에서 이탈되지 않고, 실패자가 되지 않으려는 강렬한 저항이며 낮아지기를 거부하는 몸부림입니다.

본문은 예수님이 성부 하나님께 드린 기도입니다. 그의 제자들이 세상에 속하지 않았다는 말은 그들의 삶과 신앙과 사역이 세상에 속하지 않는 것으로부터 시작되어야 한다는 의미가 있습니다. 그것은 상향성의 충동을 이겨 내는 것으로부터 신앙이 시작되고 사역이 시작되고 그리스도를 닮아 감이 시작된다는 거예요.

바울은 하나님께서 우리를 세상 나라에서 그리스도의 나라로 옮겨 주셨다고 말했습니다.

골 1:13 아버지께서 우리를 암흑의 권세에서 건져내셔서 자기의 사랑하는 아들의 나라로 옮기셨습니다. (새번역)

우리가 예수의 나라 백성이 되었다는 것은 무슨 뜻입니까? 우리가 무엇을 하든 '세상 나라에 속하지 않는 것으로 행하는 존재'라는 것입니다. 세상 나라가 상향성이기에 상향성이 아닌 것으로 행해야 한다는 말입니다.

사탄은 우리를 상향성에 몰두하도록 충동합니다. 끊임없이 부유와 성공과 명성이 더 많아지고 더 높아지고 더 강해지기를 원하는 상향성에 머물러 있도록 유혹합니다. 하나님의 영광을 위하여 부유와 성공, 명성을 차지해야 한다는 명분은 일반화되어 시험으로 여기지 않는 현실입니다. 우리가 그리스도의 백성이 되었을 때 직면하는 것은 상향성에 매여 살게 하는 마귀의 시험입니다. 이 시험을 이기고 그리스도를 세상에 드러내야 하는 소명에 헌신하는 것으로 영적인 삶은 시작됩니다. 이 승리가 계속됨으로 예수 그리스도의 장성한 분량으로 나아가며 성화에 이르게 됩니다.

오래전 일본 아오모리현에 초속 50m의 태풍이 불어왔습니다. 한 과수원도 태풍을 피해 갈 수 없었고 열렸던 사과 90%가 떨어져 버리고 말았습니다. 과수원 주인은 낙심을 거두고 남은 10%의 사과에 이름을 붙여 팔았습니다. '초속 50m의 태풍을 견딘 사과', '대입 수험생의 합격 기원 사과'라는 이름이 붙은 사과는 10배의 비싼 가격에도 순식간에 완판되었다고 합니다.

그 사과의 가치와 영광은 뜨거운 태양 빛, 태풍, 밤이슬을 받아 내고 견뎌 낸 결과입니다. 우리가 하나님께 받는 영광도 시간이 가면 절로 얻는 것이 아니라 시험을 견디고 받아 내고 이겨 내서 아들의 형상을 드러내는 성화의 영광을 경험하게 되는 것입니다.

> **요 17:1** 아버지여 때가 이르렀사오니
> 아들을 영화롭게 하사 아들로 아버지를 영화롭게 하게 하옵소서

예수님은 '자신이 영화롭게 되는 것이 아버지를 영화롭게 하는 것'임을 밝히셨습니다. 하나님께서 자기 백성을 영화롭게 하신 목적을, 하나님을 영화롭게 하기 위해서라고 대입할 수 있습니다. 그래서 하나님을 영화롭게 할 수 있는 것은 하나님께서 영화롭게 하신 존재만이 가능합니다.

로마서는 하나님께서 자기 백성으로 부르신 자들을 의롭다 하시고 영화롭게 하셨다고 말씀하셨습니다.

> **롬 8:30** 또 미리 정하신 그들을 또한 부르시고
> 부르신 그들을 또한 의롭다 하시고
> 의롭다 하신 그들을 또한 영화롭게 하셨느니라

그러면 하나님께서 자기 백성을 영화롭게 하신 목적이 무엇이겠습니까? 자기 백성이 하나님을 영화롭게 하기 위해서입니다. 예수 그리스도의 장성한 분량에 이르는 성화는 하나님께서 부르시고 영

화롭게 하신 존재가 추구하는 삶이 됩니다. 그래서 성도는 부침을 반복할 수는 있지만, 성화를 포기하지 않습니다. 자기 백성은 패배하지 않는다는 말입니다. 싸우고 일어나고 또 싸우는 과정을 거치며 예수의 장성한 분량에 이르게 되는 것입니다.

시험: 상향성을 향한 충동

마귀가 졸개들을 불러 모아 '신자 믿음 버리기 전략회의'를 열었습니다. 첫 번째로 채택된 전략이 '재물 다 빼앗기'입니다. 그랬더니 재물을 다 잃어버린 신자는 하나님께 엎드려 궁핍함을 불쌍히 여기시고 복을 내려 달라고 간절히 부르짖었습니다. 두 번째로 채택된 것은 '생명 위협하기'입니다. 성도가 배를 타고 가는데 큰 풍랑을 일으켜 살길을 막아 버렸습니다. 성도는 하나님께 엎드려 눈물로 부르짖어 '살려 주실 것'을 매달렸습니다. 셋째로 채택된 전략은 '성도의 생각대로 무엇이든지 이루어지고 얻게 하는 것'입니다. 그랬더니 성도는 하나님을 잊어버리고 살더랍니다.

C. S. 루이스는 《스크루테이프의 편지》에서 "지옥으로 가는 길은 벼랑길이 아니라 밋밋한 내리막길이다. 사람들은 그 길을 기분 좋게 걸어간다."라고 말했습니다. 세상은 아무 문제가 없고 순탄한 삶을 꿈꾸며, 더 많이 모으고 더 높아지고 더 강해지는 길을 추구합니다. 마귀는 이렇게 상승의 삶을 추구하도록 충동질합니다. 우리는 상향성의 세상에 살며 상향성을 학습하고, 가치로 이해하고 받아들였습니다. 이 상향성의 길이 나를 기분 좋게 만족하게 해 주리라 생각합니다.

베드로와 사도들은 복음을 전하다가 체포되어 공회 앞에 서게 되었습니다. 그들은 채찍으로 매질을 당하고 예수의 이름으로는 말하지 말라는 위협을 받고 풀려납니다. 그들은 이 고난을 고통으로 여기지 않고 오히려 예수를 위하여 능욕당함을 영광으로 알고 기뻐하며 돌아갔다고 했습니다.

> 행 5:41 사도들은 그 이름을 위하여 능욕 받는 일에
> 합당한 자로 여기심을 기뻐하면서 공회 앞을 떠나니라

그리스도인의 영광은 무엇일까요? 부와 성공, 명성이나 높음을 얻는 것일까요? 바울은 예수의 형상을 본받는 것에 성도의 영광이 있다고 말했습니다.

> 롬 8:29 하나님이 미리 아신 자들로 또한
> 그 아들의 형상을 본받게 하기 위하여 미리 정하셨으니
> 이는 그로 많은 형제 중에서 맏아들이 되게 하려 하심이니라

> 롬 8:30 또 미리 정하신 그들을 또한 부르시고
> 부르신 그들을 또한 의롭다 하시고
> 의롭다 하신 그들을 또한 영화롭게 하셨느니라

하나님께서 자기 백성을 영화롭게 하신 목적이 '아들의 형상을 본받게 하려고'라는 것입니다. 예수 그리스도의 장성한 분량에 이르기까지 본받아 자라 가는 것이 그리스도인이 누릴 영화입니다. 나 같은 죄인이 예수와 같이 변화되고 아들이 된다는 것은 말로 형용할 수 없는 영광입니다. 우리가 예수를 본받아 사는 것이 그리스도를

세상에 드러내는 것이며 하나님께 받은 소명에 헌신하는 일입니다. 그것이 그리스도인이 누리는 영광입니다.

그러나 우리의 본성 정욕은 아들의 형상이 아니라 상향성을 향하도록 맞추어져 있습니다. 세상에서 높임받고 강해지고 더 많이 누리고자 하는 상향성은 하나님에게서 나온 것이 아니라 세상으로부터 나온 것입니다.

>요일 2:16 이는 세상에 있는 모든 것이
>육신의 정욕과 안목의 정욕과 이생의 자랑이니
>다 아버지께로 좇아 온 것이 아니요 세상으로 좇아 온 것이라

상향성은 본능적이고 강력한 지배력이 있어 세상에 그리스도를 나타내야 하는 소명을 잊어버리게 합니다. 부와 성공, 자랑과 높아짐을 추구하면 예수의 형상을 본받으려는 의지가 무너지게 됩니다. 그래서 상향성의 욕구를 마귀의 시험이라고 합니다. 시험을 이겨 내고 그리스도를 나타내는 삶을 사는 것이 하나님의 소원을 이루어 드리는 길이며 영적 성숙의 길이며 신자가 얻을 영광의 길입니다.

고 하용조 목사와 이동원 목사가 함께 남한산성에 계시는 고 한경직 목사를 찾아가 문안했답니다. 이런저런 담소를 나누다가 "목사님, 저희에게 한 말씀 남겨 주세요."라고 부탁하자 한 목사님은 잠시 생각하더니 "그저 예수 잘 믿으시길 바랍니다."라고 하시더랍니다.

예수 잘 믿는다는 것이 헐거울 수가 없습니다. 예수를 잘 믿는다

는 것은 예수를 잘 따른다는 거 아니겠습니까? 그가 쓰셨던 가시관, 그가 입었던 홍포, 그가 지셨던 십자가, 그가 흘리셨던 피 흘림, 그걸 나도 쓰고 입고 지고 흘리겠다는 것입니다. 애당초 상승하겠다는 상향성의 삶은 그리스도의 길이 아닌 거예요.

하나님의 축복을 받아 꽃길을 걷고 정상에 오르자고 말합니다. 그래야 하나님께 영광이 된다고 하면서 상승하려는 인간의 본성을 부추깁니다. 노예였던 요셉도 하나님이 축복하시니 형통하고 애굽의 총리가 되었다고 말합니다. 예수 믿고 부유와 성공, 명성을 누리자는 상향성 메시지는 인간의 본성과 부합하여 분별없이 쉽게 받아들입니다. 그러나 그것은 그리스도께서 보여 주신 신앙의 길이 아닙니다. 예수님은 재물과 하나님을 겸하여 섬길 수 없다고 말씀하셨습니다.

> 마 6:24 한 사람이 두 주인을 섬기지 못할 것이니
> 혹 이를 미워하며 저를 사랑하거나
> 혹 이를 중히 여기며 저를 경히 여김이라
> 너희가 하나님과 재물을 겸하여 섬기지 못하느니라

예수님께서는 40일 금식하신 후에 성령에 이끌리어 마귀에게 세 가지 시험을 받으셨습니다. 그것은 성도가 살면서 직면해야 할 상향성 시험이며, 그리스도의 장성한 분량으로 자라 가는 것을 가로막는 훼방입니다.

(1) 떡으로 생존하라 능력으로 증명하라

'네가 만일 하나님의 아들이거든 명하여 이 돌들로 떡 덩이가 되게 하라는 것'입니다. 돌을 떡으로 만드는 간단하고 쉬운 일로 생존도 하고 하나님의 아들 됨을 증명하라는 것입니다. 그것은 예수님의 상황에 부합하고 합당한 것이었습니다.

예수님은 40일을 금식하셨기에 음식을 섭취해 생명을 보존하는 것이 시급한 상황이었습니다. 초월적 능력을 행하는 것은 후광(後光) 같아서 백성들로부터 하나님의 아들 됨을 쉽게 인정받게 됩니다. 그러나 예수님은 이 손쉽게 얻을 생존과 영광을 거부하셨습니다. 생존이나 정체성은 무엇을 이루어 내야 증명되는 것이 아닙니다. 그것은 하나님에게서 나오는 것입니다.

이스라엘은 광야 생활 38년 동안 하나님이 내려 주신 만나를 먹고 생존했습니다. 하나님은 38년 동안 매일 만나를 내려 먹이신 이유를 설명해 주셨습니다.

> **신 8:3** 만나를 네게 먹이신 것은
> 사람이 떡으로만 사는 것이 아니요
> 여호와의 입에서 나오는 모든 말씀으로 사는 줄을
> 너로 알게하려 하심이니라

이스라엘은 하나님께 불평, 원망, 의심, 불순종으로 살았습니다. 그런데도 하나님이 38년 광야 생활 내내 만나를 내려 먹게 하신 것은 하나님의 헤아릴 수 없는 크신 은혜와 축복입니다. 오늘 우리가 무엇을 잘 해내고 있으므로 존재하는 것이 아니라 하나님의 은혜와 긍휼하심이 존재의 근거임을 알아야 합니다.

"너희는 떡으로만 사는 존재가 아니다. 하늘 양식인 말씀으로 사는 존재다. 하나님의 은혜와 사랑으로 사는 존재다." 이것이 하나님이 정하신 이스라엘의 정체입니다. 그들의 생존과 정체성은 하나님에게서 나온 것이며 그들은 자신의 힘으로 살지 않고 하나님의 은혜와 사랑을 의존하며 살아야 하는 존재였습니다.

어렸을 때, 새 신발을 사 달라고 어머니를 졸랐습니다. 형편이 어려웠던 어머니는 늘 다음에 사 준다고 말씀하셨습니다. 그러면 저는 밥을 안 먹겠다고 떼를 부렸습니다. 몸이 약했던 내가 밥을 안 먹겠다고 하면 어머니는 안타까워하시며 며칠 있다가 사 줄 테니 먹으라고 달래곤 하셨습니다.

금식을 이렇게 자기 소원을 이루려고, 해결받으려고 하나님께 떼쓰는 것으로 이해하는 분들이 있습니다. 예수님의 40일간 금식은, 떼가 아니라 자기의 육성을 비우고 하나님으로 채우는 시간이었습니다. 예수님은 우리와 똑같이 인성을 가지셨습니다. 그래서 우리와 똑같이 시험과 세상 유혹에 직면해야 하셨습니다(히 2:18). 그 모든 시험과 유혹을 어떻게 이기셨을까요? 금식으로 이겨 내신 것이 아니라 채워진 말씀으로 물리치고 기도하며 채운 하나님으로 이기셨습니다.

요 6:38 내가 하늘로서 내려온 것은
내 뜻을 행하려 함이 아니요

요 6:39 나를 보내신 이의 뜻을 행하려 함이니라

　예수님의 거절은 자신이 영광을 얻으려고 오신 것이 아니라 하나님의 뜻을 행하러 왔음을 밝히신 것입니다. 떡을 만들어 먹어야 하는 상황이었지만 상황에 따르지 않으셨습니다. 신앙생활이란 그 상황을 바꾸어 내는 것이 아니라 그 상황에서 하나님의 원하심을 따르는 것입니다.
　예수님께서 십자가에 달리셨을 때 옆에 달린 강도는 "네가 전능하신 하나님의 아들이거든 십자가에서 내려와 증명해 보여라."라고 희롱하였습니다. 예수님은 내려오지 않고 죽는 길을 가셨습니다. 자신이 죽어 죄인을 구원하는 것이 자신을 세상에 보내신 하나님의 뜻이기 때문입니다.
　아들은 아버지의 생각과 모양을 가지고 있습니다. 아버지의 뜻을 행함으로 아버지와 하나 됨을 드러내신 것입니다. 예수님은 상황에 따라 행하지 않으셨고 필요에 따라 행하지 않으셨습니다. 우리가 부와 성공, 명성을 얻고자 하지만, 하나님의 뜻대로 사는 것보다 앞세울 수는 없습니다. 하나님의 뜻이 먼저인 삶, 이것이 아버지와 하나 됨을 드러내는 것입니다(마 6:33).

　현대인들은 부와 성공, 더 나은 양질의 삶을 갈망하고 있습니다. 고급 빌라, 비싼 차, 명품을 자랑으로 여깁니다. 큰 건물, 많이 모이는 교회는 우월한 교회로, 성공한 목회자로 평가합니다. 상가의 작은 교회는 열등한 목회자로 생각합니다. 그리스도인들도 이런 세상의 가치에 학습되고 어우러져 있습니다. 그래서 그들처럼 더 많이 가지며 더 많이 모으고 더 높아지고 강해지려고 합니다. 세상 영광에 고파하고 있습니다.

> 시 42:1 하나님이여 사슴이 시냇물을 찾기에 갈급함 같이
> 내 영혼이 주를 찾기에 갈급하니이다

물이 갈급한 사슴은 오직 물이 해답이며 생명입니다. 성도의 갈급함은 영혼의 갈급함이기에 하나님으로만 해갈할 수 있고 하나님으로만 만족할 수 있습니다. 그렇기에 하나님과 친밀함이 해답이고 만족이고 행복이 됩니다. 그래서 예배하면 행복하고 기도하면 기쁨이 있고 말씀을 들으면 소망이 생기고 만족함이 있는 것입니다. 갈급함이 하나님으로 채워지기 때문입니다.

마귀는 하나님보다 상승을 더 갈망하도록 충동질합니다. 돈이 필요하고 성장 부흥 발전이 필요하고 인정받고 성공해야 한다고 부추깁니다. 예수님은 마귀의 부추김을 물리치며 하나님의 말씀을 따라야 함을 앞세우셨습니다. 우리가 여호와 하나님과 바알을 겸하여 섬길 수 없는 것처럼 오늘 부와 성공과 높아짐에 이르고자 하는 상향성과 하나님을 섬기는 것이 공존할 수 없습니다.

세상은 온통 상승에 매몰되어 부와 쾌락, 성공, 성장을 추구하며 경쟁하고 있습니다. 그리스도인은 그런 세상에서 하나님이 궁핍해서 하나님을 구하는 존재입니다. 하나님의 생각이 내 삶이 되어 세상에 하나님을 드러내는 것으로 행복해하는 사람입니다. 상승으로는 만족하거나 행복할 수 없는 사람입니다. 지금 무엇에 결핍을 느끼고 있다면 하나님을 만나고 하나님으로 채워져야 할 때입니다. 그래야 채워진 하나님을 내놓을 수 있습니다.

(2) 우월함을 인정받아라

　기도를 많이 하시는 어떤 분이 예수님처럼 물 위를 걷겠다며 한탄강에 들어갔다가 떠내려가 돌아오지 못했다고 합니다. 필리핀에서는 부활절만 되면 예수님처럼 십자가에 못 박혀 피 흘리는 퍼포먼스를 하는 분들이 있습니다.
　예수님처럼 능력을 나타내거나 무엇을 한다고 해도 예수님이 되는 것은 아닙니다. 예수님이 하신 일은 하나님의 계시이며 말씀입니다. 이처럼 남보다 우월한 일을 해내므로 인정받고 주목을 받으려고 하는 것은 한없는 인간의 정욕에서 나오는 것입니다.

> **마 4:5-6** 이에 마귀가 예수를 거룩한 성으로 데려다가
> 성전 꼭대기에 세우고 가로되
> 네가 만일 하나님의 아들이어든 뛰어내리라 기록하였으되
> 저가 너를 위하여 그 사자들을 명하시리니
> 저희가 손으로 너를 받들어
> 발이 돌에 부딪히지 않게 하리로다 하였느니라

　성전은 백성들로부터 주목받는 곳이고 성전 꼭대기는 가장 높은 곳이었습니다. 그곳에서 뛰어내렸는데 죽지도 다치지도 않고 하나님께서 약속하신 대로 안전하게 보호받는다면 정말 하나님의 아들이 아니겠냐는 것입니다.
　예수님은 "기록되었으되 주 너의 하나님을 시험하지 말라 하였느니라"(마 4:7)라며 거절하셨습니다. 하나님의 약속을 시험하는 것은

불의한 일입니다. 하나님은 시험의 대상이 아니라, 경배해야 할 분이십니다. 하나님의 능력을 남보다 특별하게 주목받거나 자신의 영광과 유익을 취하려는 데 사용하는 것은 마귀가 바라는 바입니다. 마귀는 하나님이 아니라 '너 자신'을 위하라고 미혹합니다. 남보다 화려하거나 우월하지 않아도 업적이 없어도 하나님은 사랑하고 보호하십니다. 우리가 남에게 주목받거나 인정을 받고자 하는 것은 그 중심이 자신에게 있기 때문입니다.

저는 목회자로서 양적인 성과가 없는 것으로 인해 하나님 앞에 늘 자책감이 있었습니다. 그런데 하나님은 부족하고 모자라도 여전히 무한 사랑하십니다. 누가복음 15장에 아버지는 둘째 아들이 자신의 품을 떠나 있는 동안에도 사랑하며 돌아오기를 기다렸습니다. 그 아들이 유산을 허랑방탕하게 탕진하고 추한 모습으로 돌아왔을 때도 벗은 발로 나가 입 맞추며 사랑을 드러내었습니다. 그리고 잔치를 벌여 그 사랑을 모두에게 알렸습니다.

하나님은 무슨 실적이 있어야 사랑하고 없으면 손절하는 분이 아니십니다. 내 지금 모습이 어떻든 나를 사랑하고 계십니다. 우리가 이런 아버지의 무한한 사랑을 경험함으로, 그 받은 사랑이 세상에 드러낼 소재가 되는 것입니다.

신자가 화려함과 우월함, 눈에 보이는 성과를 추구하는 이유는 하나님을 만나 하나님을 경험하지 못해서 내놓을 소재가 없기에 그토록 자신을 자랑으로 드러내려는 것입니다.

그래서 우리가 소명에 헌신하려면 먼저 하나님과 친밀한 사귐을 갖고 하나님을 경험하는 시간이 있어야 합니다. 그러면 굳이 뛰어내리는 것과 같은 신비한 일을 하지 않아도, 주목받는 일을 연출하지 않아도 됩니다. 업적이 없어도 됩니다. 내놓을 거룩한 소재를 충만히 가지는 자가 영성이 깊은 자라 하겠습니다.

기도와 말씀에 충실히 머물며 하나님과 친밀한 사귐을 갖는 것이 소명에 헌신할 능력이며 영적 성숙에 이르는 길입니다. 매일 하나님 앞에 엎드리며 하나님의 음성을 듣는 친밀한 관계 속에 있어야 하겠습니다.

예수님은 세상에 오실 때 박혁거세나 동명왕처럼 초월적 모습으로 오지 않으셨습니다. 불교의 붓다는 태어나자마자 일곱 걸음을 걷고 "천상천하 유아위존 요도중생 생로병사(天上天下 唯我爲尊 要度 衆生 生老病死)"라고 외쳤다고 합니다. 붓다에게 신성을 부여하기 위해 만들어 낸 설화입니다.

예수님은 아기로 태어나시고 말구유에 누여지셨습니다. 그 아기에게서 무슨 신비감이나 웅장한 압도감, 화려하고 황홀한 현상은 볼 수 없습니다. 우리와 똑같은 성정을 가진 사람으로 오셨다는 말입니다. 그 아기에게 하나님은 '내 아들'이라 말씀하셨습니다.

> 히 5:5 또한 이와 같이 그리스도께서 대제사장 되심도
> 스스로 영광을 취하심이 아니요
> 오직 말씀하신 이가 저더러 이르시되
> 너는 내 아들이니 내가 오늘날 너를 낳았다 하셨고

무슨 신비한 능력을 행하거나 업적을 쌓아야 하거나 주목받는 스타가 되어야 아들이 되는 것은 아닙니다. 하나님이 "너는 내 아들이라."라고 밝히시는 말씀이 있으면 됩니다.

> 요 1:12 영접하는 자 곧 그 이름을 믿는 자들에게는
> 하나님의 자녀가 되는 권세를 주셨으니

그리스도인은 상승하려는 열심에서 내려와 하나님의 음성을 듣는 영성을 일깨워야 하겠습니다. "너는 사랑하는 내 자녀이다. 너를 말씀으로 낳았다."라는 하나님의 음성을 날마다 들으시길 축복합니다. 그 음성이 우리 속사람을 만족하게 합니다.

예수께서 강보에 싸여 가축의 밥통인 구유에 누여지셨다고 하는 것은 자신이 세상의 먹이가 되려고 오셨음을 상징하는 것입니다. 신자들은 이 예수를 먹고 배부르게 되는 것입니다. 예수님께서 이 땅에 오신 것은 안전하게 보호받고 영광을 얻는 것이 아니었습니다. 오히려 자기 보호를 포기하고 십자가에서 먹이로 내어주사 우리를 구원하러 오셨습니다.

성도가 꽃길만을 구하는 것은 마귀가 기대하는 바입니다. 베드로는 믿음의 결국은 구원이라고 말했습니다. 그 구원이란 하나님의 뜻과의 일치라는 측면이 있습니다. 영광의 꽃길만을 가는 것이 아니라 내 생각, 내 뜻을 내려놓고 십자가의 길도 함께 가야 함을 기억해야 합니다. 믿음은 영광과 십자가라는 두 날개를 가지고 있습니다. 십자가의 길도 마다하지 않는 것이 우리가 보여 줄 믿음입니다.

(3) 더 많이 소유하라

소작농 농부 파홈은 열심히 일해 자기 농토를 조금씩 늘려 갑니다. 악마는 그런 파홈에게 거래를 제안합니다. "해 뜨는 시간에 출발해서 해 지기 전까지 돌아오는 거리의 땅을 일천 루블에 팔겠다. 단 해 지기 전에 돌아오지 못하면 이 거래는 파기된다."

파홈은 이게 웬 횡재인가 싶었고 동이 트자마자 걷고 걸었습니다. 돌아가야 할 반환점의 시간에 이르렀지만, 눈앞에 보이는 기름진 전답에 '조금 더 조금 더' 하다가 그만 돌아갈 시간을 놓치고 말았습니다. 그는 심장이 터지라고 달리고 달려 해 지는 순간 출발점에 도착했으나 쓰러져 죽고 말았습니다. 파홈의 시신을 묻는 데에는 2m 정도의 땅이 필요했을 뿐입니다. 톨스토이의 〈사람에게 얼마나 많은 땅이 필요한가?〉라는 단편 이야기입니다.

소유가 만족과 안전, 행복을 주리라는 착각은 이렇게 소유 지향적인 삶을 살게 합니다. 소유로 만족하려는 것은 정욕이며 유혹입니다.

마 4:9 만일 내게 엎드려 경배하면 이 모든 것을 네게 주리라

내가 생각하는 모든 상승을 소유하고 누릴 수 있다는 것에 흥분하지 않을 수 없습니다. 그러나 "내게 엎드려 경배하라."라는 전제조건이 있습니다. 예수님은 이 제안을 신명기 6장 13절 말씀을 인용하여 난호히 서설하셨습니다.

> 마 4:10 이에 예수께서 말씀하시되 사탄아 물러가라 기록되었으되
> 주 너의 하나님께 경배하고 다만 그를 섬기라 하였느니라

많은 소유를 가지는 것보다, 소원하던 것을 누리는 것보다, 전통이나 사상보다 하나님을 경외하는 것이 먼저입니다. 우리를 둘러싸고 있는 정황들이 아무리 어렵고 힘들더라도 하나님의 뜻을 따르는 것이 그리스도인의 삶의 방식입니다. 그리스도인은 어떤 상황에서도 하나님의 뜻에 따라 사는 것으로 하나님 경외함을 나타내는 사람입니다. 그것이 십계명의 제1계명, '나 외에 다른 신들을 네게 두지 말라'는 명령을 지키는 방식입니다.

하나님을 우선에 두지 못하는 이유가 있다면 우선에 둔 그것이 우상이기 때문입니다. 우리가 상향성에서 빠져나오지 못하는 것은 그것이 우상이 됐기 때문입니다. 하나님보다 상승이 우선이 되었다는 말입니다. 소유나 상향성은 그 중심이 내 자신입니다. 제2계명은 '자기를 위하여 우상을 만들지 말고 절하지 말고 섬기지 말라'고 명령하셨습니다. 우상은 자신을 위하는 것으로 시작됩니다. 자신의 부와 성공과 명성, 상향성에 매달리고 있다면 그것이 우상이 되었다는 것입니다.

예수님은 십자가에서 죽으심으로 자기 백성을 죄에서 구원해 내셨습니다. 무력함에서 영생을 선물로 주셨습니다. 형용할 수 없는 영광과 거룩한 권세를 내려놓고 세상으로 하향하셔서 새 생명을 주셨습니다. 예수께서 제자들을 전도하러 보내실 때 아무 권력이나 소

유 없이 내보내셨습니다. 그래야 하나님의 무한하신 사랑과 능력을 나타낼 수 있기 때문입니다. 가진 권세가 없어야 하나님을 드러낼 수가 있습니다. 하나님은 우리 사역이 성장, 부흥이나 업적, 높아짐이 아니라 하나님을 드러내기를 원하십니다. 베드로는 성전 미문에 앉아서 손을 내밀어 구걸하던 앉은뱅이에게 말합니다.

> 행 3:6 베드로가 가로되 은과 금은 내게 없거니와
> 내게 있는 것으로 네게 주노니
> 곧 나사렛 예수 그리스도의 이름으로 걸으라 하고

그가 가진 것은 재물이나 세상 권세가 아니라 오직 예수만을 소유하고 있었습니다. 드러낼 것이 예수밖에 없었다는 말입니다.

예수님은 재물도 집도 권력도 없으셨습니다. 비난, 멸시, 위협이 따랐고 이리저리 숨고 피하다가 마침내 그들에 의해 십자가에서 죽으셨습니다. 이렇게 무력한 예수님을 상향성의 가치로는 실패자라고 말합니다. 그러나 우리가 예수를 성공자라고 말하는 이유는, 오직 아버지 하나님의 뜻을 이루어 세상에 하나님의 영광을 드러내셨기 때문입니다.

> 요 17:4 아버지께서 내게 하라고 주신 일을 내가 이루어
> 아버지를 이 세상에서 영화롭게 하였사오니

하나님께 받은 소명을 이루어 드리는 것이, 하나님을 경외하는 일이며 예수의 장성한 분량으로 나아가는 길입니다. 다니엘의 세 친구는

왕이 세운 신상 앞에 절하지 않는다는 죄목으로 맹렬히 타는 풀무불에 던져질 위기에 놓였습니다. 왕은 그들을 아끼는 마음으로 지금이라도 절을 하면 목숨을 살려 주겠다며 기회를 줍니다. 그들은 "풀무불에 던져질지라도 여호와 하나님이 살려 주실 것입니다. 그러나 그리 아니하실지라도 왕의 신상 앞에 절하지 않겠습니다."라며 거절합니다.

위기는 낙망이나 고통의 때가 아닙니다. 상향성을 붙잡아야 할 때가 아닙니다. 내게 부어 주신 믿음을 드러낼 때입니다. 다니엘의 세 친구는 풀무불에 던져질 위기에서 두려워하지 않았습니다. 어떻게 하면 위기를 벗어날까 궁리하지 않았습니다. 오직 믿음을 드러낼 기회로 여겼습니다. 그들은 믿음을 드러내어 하나님을 경외했습니다. 온갖 영광과 만족을 가져다주겠다는 소유의 유혹을 물리치고 하나님의 뜻에 따라 살므로 오직 하나님만을 경배해야 함을 드러내는 것이 소명에 헌신하는 길이며 예수의 장성한 분량으로 나아가는 성화의 길입니다. 하나님께 부요한 자입니다.

눅 12:15 저희에게 이르시되 삼가 모든 탐심을 물리치라
사람의 생명이 그 소유의 넉넉한데 있지 아니하니라 하시고

눅 12:20 하나님은 이르시되 어리석은 자여
오늘 밤에 네 영혼을 도로 찾으리니
그러면 네 예비한 것이 뉘 것이 되겠느냐 하셨으니

눅 12:21 자기를 위하여 재물을 쌓아 두고
하나님께 대하여 부요치 못한 자가 이와 같으니라

4
그리스도를 나타내기

> 요일 2:13-14 아비들아 내가 너희에게 쓰는 것은
> 너희가 태초부터 계신 이를 앎이요
> 청년들아 내가 너희에게 쓰는 것은
> 너희가 악한 자를 이기었음이니라
> 아이들아 내가 너희에게 쓴 것은
> 너희가 아버지를 알았음이요
> 아비들아 내가 너희에게 쓴 것은
> 너희가 태초부터 계신 이를 알았음이요
> 청년들아 내가 너희에게 쓴 것은
> 너희가 강하고 하나님의 말씀이 너희 속에 거하시고
> 너희가 흉악한 자를 이기었음이라

심 자매는 교회를 쉬고 있다가 교우의 인도로 교회에 나오게 되었습니다. 주일 예배에 잘 참석하고 성경공부도 하고 수련회, 교제도 즐겁게 참여했습니다. 그런데 6개월쯤 지나서부터 얼굴에서 불만스러운 모습을 읽게 되었습니다. 대화를 해 보았더니 예상치 못했던 말을 듣게 되었습니다.

전에 다니던 교회 목사님은 성도들을 데리고 기도해서 문제를 해결해 주고 다 축복을 받았다는 거예요. 월세 살던 사람은 전세 살게 되고, 전세 살던 사람은 집을 사게 되고, 병든 사람은 고침을 받았

다는 거예요. 그런데 목사님은 왜 그런 일을 안 하는 거냐는 거였습니다. 그러면서 자신의 가정과 직장 문제를 드러내며 어쩌면 좋을지 풀어 달라는 요지였습니다.

그러면 그렇게 좋은 만사형통 교회를 왜 안 다니게 되었냐고 물었더니, 예배 때마다 헌금을 강조해서 맘이 상하고 듣기 싫어 안 다니게 되었노라고 답을 하였습니다.

이처럼 목사를 무당 같은 중매로 여기며 따르는 교인들이 있습니다. 한국교회가 130년 역사에도 무속신앙을 함께 가지고 가는 이런 혼합신앙의 행태가 여전함을 볼 수 있습니다. 이런 혼합신앙의 행태는 교회가 성장주의를 지향한 결과라 할 수 있습니다. 이스라엘이 이방 나라처럼 번성을 소망하며 여호와 하나님도 섬기고 이방이 섬기는 우상도 함께 섬겼습니다. 이 혼합신앙이 이스라엘 멸망의 불씨가 되었습니다. '주 하나님만을 경배하여야 하는 교회'가 상향을 지향하는 것은, 말씀을 멸시하는 혼합신앙입니다. 요한은 이런 혼합신앙의 교회를 '음녀'라고 말했습니다.

존 파이퍼 목사는 예배의 요소를 "하나님을 보는 것과 그 경험한 하나님을 음미하는 것"이라고 말했습니다.[5] 하나님은 자신의 영광과 성품과 뜻을 계시하십니다. 그 계시하신 영광을 기뻐하며 감읍하는 것이 '신자가 드릴 예배'라는 것입니다. 그러니까 예배의 중심이 하나님이 되어야 예배가 되고 신앙의 중심이 하나님이어야 신앙이 되는 것입니다.

태어나 보니 상향성의 사회였고 자연스레 성장과 상승에 뜻을 두

---

5) 존 파이퍼, 《하나님을 설교하라》, 복있는사람, 2021, 14쪽.

고 몰두하며 서로 경쟁하며 살게 되었습니다. 그것은 자신이 중심이 된 삶이며 자신의 영광과 뜻을 이루며 사는 것입니다. 그렇게 자신을 위하는 삶은 "주 너의 하나님께 경배하고 다만 그를 섬기라."라고 하신 말씀을 멸시하는 것이며, 그것은 하나님도 섬기고 세상도 섬기는 혼합신앙을 보여 주는 것입니다.

그러면 주 하나님만을 경배하고 섬긴다는 것은 무엇일까요? 하나님의 소원인 **[예수 그리스도의 장성한 분량에까지 이르는 것]**입니다. 하나님을 세상에 드러내라는 소명에 응답하는 것입니다. 갓난아이가 어린아이로 청년으로 아비로 성숙해 가야 합니다. 하나님은 예수를 닮아 가는 영적 성숙을 고대하고 계십니다.

이처럼 요한이 아이로 청년으로 아비로 성장해 가야 함을 말했지만, 그 단계가 일정한 기간이 지나면 저절로 올라서는 것이 아닙니다. 아이는 넘어지고, 청년은 실수합니다. 성숙한 아비라도 실패합니다. 그런 넘어짐과 실패와 실수는 자주 나타날 수도 있습니다. 그래도 우리가 무너지지 않는 것은, 다시 일어서서 반복하도록 이끄시는 성령의 역사가 있기 때문입니다.

> 요 14:26 보혜사 곧 아버지께서 내 이름으로 보내실 성령
> 그가 너희에게 모든 것을 가르치시고
> 내가 너희에게 말한 모든 것을 생각나게 하시리라

로이드 존스 목사는 신앙생활을 "산 정상에 올라가는 것과 같다."라고 말했습니다. 올라가는 도중에 넘어지기도 하고 피를 흘릴 수도

있지만, 다시 내려가서 올라오는 게 아니라는 거예요. 넘어진 그 자리에서 다시 올라가면 된다는 것입니다. 좌절하지 않고 다시 일어서서 예수를 따라가면 된다는 것입니다.

성령이 그렇게 인도하신다는 거예요. 상향성에 어우러져 살다가도 돌이켜 다시 예수를 드러내는 소명에 응답하도록 이끄십니다. 그 이끄심을 따라가면 아이로 청년으로 아비로 그리고 예수의 장성한 분량으로 나아가게 되는 것입니다.

그리스도를 본받는 영적인 삶은, 상향을 지향하는 인간의 본성과 충돌하기에 자발적으로 이루어지지 않습니다. 그것은 하나님의 주도하심과 성령의 역사하심으로 가능합니다.

하나님께서 아브라함을 찾아오셨고 모세를 찾아오셨습니다. 바울을 찾아오셨고 나를 찾아오셔서 은혜를 베푸셨습니다. 성령께서 감화하시며 그 찾아오심을, 은혜 베푸심을 알게 하시고 믿고 응답하며 찬양하도록 이끄셨습니다. 그리스도를 믿고 본받는 영적인 삶은 성령님이 주도하고 완성해 가시는 것입니다.

그래서 그런 성령의 역사를 분별하고 받아들이고 드러내는 훈련이 필요합니다. 그것은 상향성을 비우는 훈련이고 자기 비우기 훈련입니다. 헨리 나우웬은 자기 욕망을 비우는 이 훈련을 "우리의 기술이나 능력을 연마하는 것이 아니라 성령이 우리를 지배해서 그리스도의 형상으로 변화시키도록 공간을 마련하는 인간의 노력"이라고 말했습니다. 성화는 나의 노력으로 이루어지는 것이 아니라 성령께서 주도하고 이루어 내시는 것입니다. 그 인도와 다스림을 분별하고 시공간을 내어드려야 합니다. 교회 훈련, 말씀 훈련, 기도 훈련은 자기를 비우고 성령의 역사를 맞이하는 헌신이며, 그리스도를 증언하는 길이기도 합니다.

1) 교회: 우선적 소명

(1) 예배(worship)

　성장과 상승에 매몰된 교회에서는 상승을 구하는 많은 사람은 볼 수 있고 큰 건물은 볼 수 있겠지만 예수가 살아 계심은 볼 수 없습니다. 기도해서 응답받고 해결받고 헌신해서 축복받고 상승하자는 성장과 영광에 매몰되어 진정으로 자신에게 무엇이 필요한지 알지 못합니다.

　톨스토이의 단편 〈사람은 무엇으로 사는가?〉에 나오는 이야기입니다. 한 거구의 신사가 값비싼 가죽을 가지고 구두장이 미하일에게 찾아왔습니다. "이 가죽으로 1년을 신어도 해지지 않는 구두를 만들어 주시오. 공임은 10루블을 주겠소. 만일 하자가 생기면 감옥에 처넣을 줄 아시오."
　그런데 미하일은 신사가 나간 후 그 가죽으로 구두를 만드는 것이 아니라 샌들을 만들고 있었습니다. 그날 저녁 샌들을 다 만들자, 그 신사의 집 하인이 찾아왔습니다. "주인 어르신이 돌아가셔서 구두가 필요 없게 되었습니다. 죽은 사람에게 신기는 샌들을 만들어 주시오."라고 말했습니다.
　톨스토이는 인간이 이렇게 한 치 앞을 알 수 없으니, 자신에게 무엇이 필요한지 아는 능력도 없다는 것을 말한 것입니다.

교회는 무엇입니까? 하나님께서 시공간에 들어와 자기와 함께할 백성들을 불러 모으신 공간입니다. 우리는 이 공간에서 자신이 어떤 존재이며 자신에게 무엇이 필요한지 배우게 됩니다. 이 교회에서 살아 계신 그리스도를 시공간에 드러내는 훈련을 합니다. 교회를 통해서 하나님이 누구신지, 내가 받은 소명은 무엇인지, 그 소명을 어떻게 완성해 나가야 할지를 배우고 실행해 갑니다. 이것이 신자에게 교회가 필요한 이유입니다.

신자의 우선적 소명은 하나님을 예배하는 것입니다. 예배는 하나님을 최고로 높이는 경외이며 고백입니다. 이 예배는 내가 하고 싶은 대로가 아니라 하나님이 만드신 교회에서 배우며 훈련되어 삶에 적용하게 됩니다. 그래서 우리가 그리스도화되어 가고 시공간에 그리스도를 드러내어 보여 주게 되는 것입니다. 오늘 우리 교회에서 예수를 볼 수 있습니까? 예수가 태어나고 고난받고 박해받고 죽으시고 부활하고 성령을 보내시어 함께하며 통치하시는, 이 그리스도의 신비를 볼 수 있습니까?

헨리 나우웬은 이 그리스도 사건의 신비가 바로 교회의 예배 의식을 통한 훈련에서 가시화된다고 말합니다. 교회 훈련이란 현실에서 하나님의 살아 계시고 역사하심을 경험하는 훈련이며 그 하나님을 드러내는 훈련입니다. 내 이야기에 하나님의 이야기가 들어오고 하나님의 이야기 안에 내 이야기가 들어가서 하나가 되게 하는 훈련입니다. 그래서 세상이 하나님을 보게 되는 것입니다.

> 천국의 빛나고 장엄한 행렬이 펼쳐집니다. 그 중심에는 빛나는 한 여인이 있고 그 주변 역시 빛나는 천사와 성도들이 무리를 지어 춤을 춥니다. 여인의 아름다움은 지극해서 감히 쳐다볼 수 없을 정도입니다. 아마도 하와나 예수님의 어머니 마리아가 틀림없을 거로 생각했습니다. 그러나 알고 보니 런던 교외에서 살다 온 세라 스미스라는 주부였습니다. 천국에서는 그녀가 '큰 자'의 반열에 들었습니다. 어떻게 그런 지위를 얻었을까요? 그녀가 아이부터 청년까지 평범한 일상에서 만난 수많은 이들에게 영적 어머니가 되어 주며 사랑을 후히 베풀었기 때문입니다.[6]

C. S. 루이스의 《신자의 자리로》에 소개된 글입니다. 하나님의 이야기가 세라 스미스 주부의 이야기에 나타난 것입니다. 그녀는 주어진 일상에서 만난 이들에게 그리스도의 사랑을 드러냈습니다. 이렇게 주어진 공간에서 그리스도를 드러내는 자가 천국에서 큰 자라는 것입니다.

교회의 예배 의식 훈련은 이렇게 그리스도의 사건이 실제가 되어 일상에 나타나도록 실체화시켜 줍니다. 이렇게 예수가 태어나고 고난받고 박해받고 죽으시고 부활하고 성령을 보내어 통치하시는 이 그리스도 사건의 신비는 교회를 통하여 교회 안에서 실현됩니다. 그

---

[6] C. S. 루이스, 《신자의 자리로》, 두란노서원, 2020, 11~12쪽.

래서 교회의 성스러움이 나타나는 것입니다.

　교회 예배는 그리스도를 드러내도록 합니다. 큰 건물 많은 사람이나 세상의 찬사가 아니라, 그리스도만이 중심이 되고 그리스도만 드러내는 것을 지향합니다. 예수 그리스도를 드러낼 때 욕심과 경쟁, 상향성으로 인해 겪게 되는 좌절과 상처와 비틀린 관계가 치유되고 그리스도의 장성한 분량으로 함께 나아가는 새로운 관계를 맺을 수 있게 됩니다. 성장이나 복을 받으려는 자기중심이 아니라 오직 그리스도만을 드러내기를 열망하는 예배입니다. 교회가 그리스도 중심이 아니라 인간의 부와 영광을 가르치는 것은 그리스도의 길에서 이탈한 세상의 길이라 하겠습니다.

　예배 의식 훈련에서 오직 그리스도의 현존에 주의를 기울이며 그리스도가 드러남을 지향할 때 상향성의 유혹을 극복할 수 있습니다. 자기 영광과 만족, 자기중심에서 벗어날 수가 있습니다. 그래서 아이에서 청년으로 아비로 예수 그리스도의 장성한 데까지 이르는 성화를 경험하게 되는 것입니다. 내가 예배에서 주목하고 있는 것은 무엇입니까? 오늘 우리 교회 예배는 무엇을 지향하고 있습니까? 우리 가정에서는 그리스도가 나타나고 있습니까?

(2) 예배(service)

　예배를 영어로는 worship 또는 service라고 합니다. 미국 교회의 한 교인이 예배 시간에 늦어 헐떡거리며 뛰어왔습니다. 예배당 마당으로 들어섰을 때 마침 누군가 계단을 쓸고 있었습니다. 교인은 물었습니다. "Is the worship over?(예배가 끝났습니까?)" 청소하고 있던 분이 이렇게 답을 했습니다. "Yes, the worship is over. But service has begun.(네, 예배는 끝났습니다. 그러나 섬김은 시작되었습니다.)"
　모여서 함께 예배하지만 흩어져서 각자의 생활로 이웃을 섬기는 예배가 있습니다. 그리스도인은 모이거나 흩어지거나 모든 삶이 하나님께 드리는 예배입니다.

　하나님께서 이스라엘을 출애굽시킨 목적은 그들의 욕망을 채워주려고 하신 것이 아닙니다. 하나님은 자기 백성을 예배자로 살게 하려고 애굽의 노예살이로부터 구원해 내셨습니다.

> 출 8:1 여호와께서 모세에게 이르시되
> 너는 바로에게 가서 그에게 이르기를
> 여호와의 말씀에 내 백성을 보내라 그들이 나를 섬길 것이니라

　하나님께서 우리를 구원하여 자기 백성을 삼으신 목적도 예배자로 살게 하려는 데 있습니다. 인간이 죄로 말미암아 잃어버린 예배를 다시 회복시키신 것입니다.

사 43:21 이 백성은 내가 나를 위하여 지었나니
나의 찬송을 부르게 하려 함이니라

예배에서 기억해야 할 포인트 두 가지가 있습니다.

하나, 예배는 하나님 중심이어야 합니다. 인간이 중심이 된 예배가 무서운 것은, 자신을 위하는 예배가 되면 그것은 우상 예배가 되기 때문입니다. 유다가 하나님을 섬겼지만 자기를 위하여 우상도 섬겼습니다. 그들이 오직 여호와 하나님이 아니라 자기를 위하여 우상을 겸하여 섬긴 혼합신앙으로 인해 멸망했습니다.

자기를 위하는 신앙은 혼합신앙을 초래합니다. 자신의 물질 축복, 문제해결, 영적 만족, 정서적 안정이나 문화생활의 목적으로 드리는 예배는 우상이나 종교 행위일 뿐입니다.

하나님 중심의 예배를 회복하는 것이 참된 예배의 회복입니다. 예배는 얼마나 열광적이냐에 포인트가 있어서는 안 됩니다. 자신의 만족이나 황홀경 체험이 아니라 오직 하나님이 중심이 된 예배가 되어야 합니다.

하나님 중심 예배란 하나님께 집중된 예배입니다. 마케팅에서는 고객의 만족에 초점이 맞추어 있습니다. 예배에서는 사람의 만족이나 즐거움, 평가에 신경을 쓰기보다는 오직 하나님을 높이고 영광의 하나님을 드러내는 데 초점을 둔 예배입니다. 예배를 통해서 무엇을 얻으려는 것이 아니라 하나님께 나 자신을 드리는 것입니다. 경외, 고백, 회개, 찬양, 순종, 희생을 드립니다. 그 결과 하나님이 인재를 경험하게 되는 것입니다.

이스라엘이 성막을 완성하고 봉헌 예배를 드릴 때, 성막에 하나님께서 임재하였음을 구름으로 드러내셨습니다. 하나님의 임재 앞에 그들은 엎드려 경배를 드렸습니다. 실 하나, 나무 하나, 금이나 위치까지 그 모든 것을 하나님이 말씀하신 대로 제작하여 드렸습니다. 거기에 하나님은 임재하셨습니다. 하나님이 중심이 된 예배의 결과 하나님의 임재를 경험하는 역사가 있습니다.

문제해결, 치병, 축복, 정신 수양이나 문화생활 차원에서 드리는 예배는 사람 중심입니다. 오직 하나님께 나를 드리는 것에 초점이 맞추어진 예배여야 합니다.

둘, 삶이 하나님께 드리는 예배라는 인식입니다. 함께 모여 드리는 회중 예배는 예배의 기본입니다. 각자의 달란트에 따라 섬기며 하나님께 최상의 예배가 되어야 합니다. 회중 예배를 마치고 흩어지게 되면 다른 이들을 대면하며 섬기게 되는 것, 역시 하나님께 드리는 예배입니다. 그래서 service라고 말합니다.

그래서 내가 대면하는 모든 곳이 예배 처소가 됩니다. 하나님께서 자기 아들로 값을 치르고 나를 자기 백성 삼으신 것처럼 다른 이들 역시 하나님으로부터 그렇게 존귀하게 여김을 받고 있습니다. 이것이 다른 이들을 환대하며 존귀하게 섬겨야 할 이유입니다. 다른 이를 하나님의 마음으로 섬기는 것이 예배입니다.

그런데 원수를 어떻게 환대하고 귀중히 섬길 수 있겠습니까? 어느 분이 '사랑한다는 것은 좋은 감정이 아니라 노력'이라고 말했습니다.

원수에게 달콤하거나 좋은 감정을 가지기는 불가능합니다. 그러나 인내하고 적대하지 않고 미워하지 않고 베풀려는 노력, 환대하려는 노력은 가능합니다. 손양원 목사님이 자기 아들을 죽인 좌파 학생을 양자로 삼았습니다. 달콤한 관계가 되어서 양자 삼은 게 아니라 하나님의 마음을 이루어 내려는 노력입니다. 미워하지 않으려는 그 노력을, 하나님의 마음을 다른 이들에게 이루어 내는 것을 service라고 말합니다.

오늘 예배를 회복하자는 구호가 여기저기서 들립니다. 그리고 모이는 예배 worship에 열심 내기를 독려합니다. 그러나 실상은 모이는 예배가 부족한 것이 아니라 흩어지는 예배 service가 부족합니다. 세상을 변화시키자고 하는데, 세상의 변화는 힘에 의한 것이 아니라 service가 넓게 퍼지는 현상입니다.

하나님의 창조물인 자연을 소중히 여기며 관리하는 것 역시 service입니다. 오늘 자연을 무시한 결과로 겪는 여러 재해 상황은 인간의 생존을 어렵게 하고 있습니다. 전쟁으로 인해 수많은 이웃이 죽고 그 참상은 헤아리기가 어렵습니다. 여러 방법으로 평화를 조율하고 있지만 참된 해답은 아닙니다. 가정이나 교회, 개인이나 국가에서 service를 회복하는 것이 답이 되어야 합니다.

worship이 흔들려서는 안 됩니다. worship에서 얻은 메시지를 가지고 service로 나타나야 하는 것이, 훈련해야 하는 영적인 과제입니다. 내가 교회 밖에서 하는 모든 일이 하나님께 드리는 service이며 하나님을 드러내야 하는 순간입니다.

2) 말씀: 하나님과 일치

노예 상선에서 노예들이 폭동을 일으켜 백인들을 죽이고 상선을 장악했습니다. 그러나 선장실 싸움에서 그만 나침반을 깨트리고 말았습니다. 그들이 상선은 장악했지만 가야 할 방향을 알지 못하고 이리저리 항해하다가 암초에 부딪혀 파선하고 몰사했습니다. 이처럼 말씀은 삶의 나침반과 같고 생명의 근거가 됩니다. 말씀은 어떻게 하나님과 함께 살아가야 하는지 가르쳐 주는 지침서입니다. 이 지침서를 의지하고 따라가면 안전합니다.

존 번연의 천로역정에서 보면 크리스천과 무지가 만납니다.

무　　　지: "선한 생각이란 어떤 것입니까?"
크리스천: "하나님의 말씀과 일치되게 생각하는 것이죠."
무　　　지: "그러면 자기 생각은 언제 하나님의 말씀과 일치를 이룹니까?"
크리스천: "우리 자신에 대해 말씀의 판단과 동일한 판단을 할 때입니다. 말씀은 우리 마음을 판단하듯이 우리 생활을 판단합니다. 우리의 마음과 생활 방식이 말씀의 판단과 일치될 때 그 두 가지가 다 선하다고 할 수 있는 것입니다."[7]

---

7) 존 번연,《천로역정》, 두란노서원, 2019, 198쪽.

하나님의 말씀과 같은 생각, 동일한 판단을 하는 것이 선하다는 거예요. 그것은 하나님 한 분만이 선하시다는 예수님의 말씀을 따른 것입니다(막 10:18). 그러므로 신자는 하나님 말씀 밖에서 존재할 수 없고, 말씀 외에 다른 것으로 예수 그리스도에 이를 수가 없습니다. 말씀과 하나가 되는 것이 그리스도와 하나 되는 길입니다.

헨리 나우웬은 성경 훈련을 통해 현실에서 성육신을 실현하게 된다고 말했습니다. "예수님이 하나님의 아들이신 것처럼 성경 또한 하나님의 말씀입니다. 우리는 하나님의 말씀에 의해 살아 있는 그리스도들로 형성된다."라고 말했습니다. 하나님의 말씀은 우리를 구원하여 예수에 이르게 하는 능력입니다.

예수 그리스도를 믿는다고 하는 것은, 말씀이신 예수를 따르는 것입니다. *예수를 따르려면 성경을 읽는 것으로부터 시작해야 합니다.* 그분이 말씀이시기 때문입니다. 그 말씀에 교회가 귀를 기울여야 합니다. 가정은 말씀에 귀를 기울이는 곳이 되어야 합니다. 성도의 교제는 성경 말씀에 귀를 기울이며 들은 말씀을 나누는 것을 중심으로 삼아야 합니다. 그래서 하향성의 삶을 사신 그리스도가 보이게 되고 그 삶을 우리가 따르게 되는 것입니다.

성경 묵상은 내면으로 하나님의 말씀을 듣는 훈련입니다. 말씀 묵상의 종국적 목표는 부유나 성공, 명성이 아니라 성육신입니다. 말씀이 우리 속사람을 통치하고 자기 이로움을 묶어 성육신이 되도록 역사합니다. 말씀 묵상은 궁극적으로 육신의 본성인 상향성을 극복하는 능력이며 신자의 성육신에 이르는 길입니다.

묵상이란 소가 음식을 먹고 입으로 가져와 되새김하듯 받은 말씀을 생각으로 가져와 되새김하는 것입니다. 묵상의 히브리적 사고는 '읊조리다'라는 의미로 이해합니다. '뜻을 음미하면서 낮은 소리로 읊는 것'으로 이해합니다. 읽고 깨달은 말씀을 음미하면서 작은 소리로 읊고 또 읊어 심비(心碑)에 새기는 것입니다.

묵상의 의미를 하나 더 생각한다면 '하나님께 몰입하는 수단'입니다. 서울대 황농문 교수는 "천재와 범인의 지적 능력 차이는 질보다는 양의 문제이다. 양의 문제라면 천재들의 위대한 업적은 문제를 풀기 위한 그들의 노력, 즉 극도의 몰입적 사고를 할 수 있는 남다른 열정의 소유자였다."[8]라고 말했습니다. 천재 뮤지션 김수철은 KBS 대담에서 천재로 불리는 것을 부담스러워하며 "천재로 불리는 에디슨, 아인슈타인 등이 남긴 업적은 특별해서가 아니고 끝없는 노력의 결과이다."라고 말하며, 자신도 친구나 여흥이나 휴가도 없이 술 담배를 모르고 음악에 몰입한 결과라고 말했습니다. 천재들이 위대한 업적을 남길 수 있었던 것은 남다른 지능이 아니라 집중하고 반복하고 몰입한 결과라는 것입니다.

> **렘 29:13** 너희가 전심으로 나를 찾고 찾으면 나를 만나리라

성경을 묵상한다는 것은 하나님을 묵상하는 것입니다. 묵상은 하나님을 만남에 목적이 있고 하나님을 만난다는 것은 일상을 넘어서는 일입니다. 일상을 넘는 놀라운 일은 어쩌다 운이 좋아 걸리는 것

---

8) 황농문, 《몰입: 두 번째 이야기》, 랜덤하우스, 2011, 24쪽.

이 아니라 하나님을 만나려고 찾고 찾는 자가, 하나님께 몰입하는 자가 하나님을 만난다는 것입니다. 하나님을 생각하고 하나님께 집중하고 그 집중이 반복되고 계속될 때 하나님을 경험하게 됩니다.

월요일 화창한 봄날에 40대 중반의 여인이 찾아왔습니다. "목사님, 제가 우울증이 있는데 집 밖으로 나가기가 힘듭니다. 병원에 가서 약도 타 와야 하고 ATM 기계에 가서 돈도 찾아야 하는데 몸을 움직일 수가 없습니다. 여기 오는 것도 겨우 왔습니다. 저 좀 도와주세요."

대형 교회의 집사로 교사도 하고 성가대도 하던 분입니다. 우울증으로 예배 못 드린 지 오래되었고 어머님, 남동생도 우울증으로 먼저 하늘나라로 갔다고 했습니다. 저는 제가 감당할 상황이 아니라 여기고 다른 분을 소개해 드리겠다고 했더니 "제가 문 열고 집을 나설 수가 없습니다."라고 말하였습니다. 이 문밖을 나설 수 없다는 말을, 저는 같은 경험이 있었기에 어떤 상황인지 이해가 되었습니다. 어떻든 저는 하나님께서 보내셨다고 믿고 아내와 함께 그 집을 찾아갔습니다. 매주 한 번 예배드리고 네비게이토 교재로 성경공부를 하고 통성으로 기도하고 안수 기도했습니다. 매일 성경 암송과 성경 통독, 감사 기도, 햇빛 받으며 걷기를 과제로 주었습니다. 3개월쯤 그렇게 하나님께 집중하며 보냈는데 어느 날 그분은 "목사님, 저 이제 병원도 가고 ATM 기계에도 갑니다."라고 말하였습니다. 저는 두근거리는 가슴을 진정시키며 감사의 기도를 드렸습니다. 그로부터 한 달인가 지나서부터는 교회를 나가 예배드리게 되며 자연스럽게 만남은 중단되었습니다. 그러고는 까마득히 잊어버리게 되었습니다.

어느 꽃가루 날리는 주일날이었습니다. 오전 예배를 마치고 식사하는 중에 한 여인이 찾아왔습니다. "저 모르시겠어요? 기억 안 나세요? 목사님이 2년 전에 저 성경 공부 해 주셨잖아요." 몰라볼 정도로 밝고 건강한 여인의 모습으로 변해 있었습니다. 그동안 이사 갔고 교회도 잘 나가고 좋아하던 성가대도 서게 되었다고 말했습니다. "감사합니다. 목사님 덕분에 회복했습니다." "아닙니다. 하나님 은혜입니다." 주고받으며 감격스러운 시간을 보냈습니다. 저는 그저 불쌍히 여기는 마음으로 말씀이 역사하기를 기대하며 말씀을 나누었을 뿐입니다. 말씀에 집중하니 그 말씀이 망가진 인생을 일으켜 세웠습니다.

> 수 1:8 이 율법책을 네 입에서 떠나지 말게 하며
> 주야로 그것을 묵상하여 그 가운데 기록한대로 다 지켜 행하라
> 그리하면 네 길이 평탄하게 될 것이라 네가 형통하리라

말씀을 묵상하고 또 묵상하는 과정을 통해 하나님께 몰입하는 결과를 얻게 됩니다. 그러면 일상을 넘어서는 경험을 하게 됩니다. 하나님을 만난 결과는 무엇일까요? 예수 그리스도의 장성한 분량으로 자라는 성화입니다.

김기석 목사의 성경 연구에서 쇠렌 키르케고르의 이야기가 나옵니다. 쇠렌 키르케고르는 아브라함이 하나님의 명령대로 100세에 얻은 아들 이삭을 묶어 제단에 올리고 칼을 들었던 사건을 이렇게 말합니다. *"아브라함이 자기 이로움을 묶어 하나님의 의를 드러내었다."*[9]

---
9) 김기석, CBS 〈성서학당〉.

우리 앞에 하나님의 의와 자기 이로움, 자기 영광이 놓여 있습니다. 자기 영광을 묶어 제단에 올려야 하나님의 의를 드러낼 수 있습니다. 우리 본성은 자기 이로움을 취하며 사는 존재입니다. 하나님의 말씀은 본성인 자기 이로움을 묶고 하나님의 의를 드러내게 하는 능력입니다.

자기 이로움도 얻고 하나님의 의도 드러내라는 가르침은 음녀의 유혹이며 무너질 혼합신앙입니다. 상향성과 하향성이 공존할 수 없는 것처럼 자기 이로움과 하나님의 의도 공존할 수 없습니다. 그래서 하나님의 의를 묶으면 자기 이로움을 취하는 것이고 자기 이로움을 묶으면 하나님의 의를 드러내게 되는 것입니다. 하나님을 드러내라는 소명에 헌신한다고 하는 것은 자기 이로움을 묶어야 시작됩니다. 자기 이로움을 묶어 제단에 올리는 예배는 평생 매 순간 드려야 할 예배입니다. 자기 이로움을 묶어 제단에 올릴 때 내게 그리스도의 형상이 나타나며 세상은 하나님의 영광을 보게 되는 것입니다.

말씀을 읽고 묵상하고 말씀으로 교제하는 삶은 하나님께 몰입하게 합니다. 그렇게 하나님과 하나가 될 때 비로소 나의 이로움을 묶어 제단에 올려 하나님의 의를 드러내는 참된 예배자로 살게 됩니다. 오늘 나는 나의 이로움을 향하고 있습니까? 아니면 나의 이로움을 묶어 하나님의 의가 나오는 삶을 살고 있습니까?

말씀을 읽고 묵상하는 진중하면서 치열한 헌신이 상향성을 차단하고 예수의 길을 살게 합니다.

3) 기도: 하나님과 연결

 한국교회처럼 기도 많이 하고 열심인 나라는 없습니다. 그래서 세계 각처에서 한국 기도를 배우러 옵니다. 심지어 통성기도는 자국어로 번역하지 않고 한국어 발음 그대로 사용한다고 합니다. '주여!' 삼창도 따라 한다는 얘기도 있습니다. 그러나 실망하는 사람도 많다고 합니다.

 양 집사는 게임에 빠진 아들 문제를 상담하러 왔다가 복음을 듣고 예수를 믿게 되었습니다. 그는 방만한 경영으로 부도가 난 상태였습니다. 재기의 불씨로 삼으려던 일본 오더마저 취소되어 심리적으로 불안한 상태였습니다. 저는 그를 기도원으로 데리고 가서 함께 앞자리에 가서 밤새워 기도하였습니다.
 기도원에서 내려오며 물었습니다. "양 사장님 기도 응답을 받으셨습니까?" "아니요. 아무 소리도 못 들었습니다. 목사님은 들으셨습니까?" "네, 하나님이 회복시켜 주시겠다고 하셨습니다." "목사님, 기도해 주신 것은 감사하지만 한번 죽은 오더는 살아난 적이 없습니다." "하나님은 능치 못함이 없으십니다. 곧 회복될 거예요. 기도하며 기다려 보세요."
 몇 주 지난 월요일에 양 사장에게서 전화가 왔습니다. "목사님! 죽었던 오더가 살아났습니다." 그는 이 오더를 기반으로 재기하게 되었습니다. 한 번의 기도 응답으로 인생을 바꾸었습니다. 그는 누구보다도 열심히 예배에 참석하고 차량 운행으로 봉사하며 즐겁게 신앙생활을 하였습니다.

이렇게 기도해서 응답받은 경험들은 교회마다 풍성하고 지금도 많은 신자가 경험하고 있습니다. 이처럼 기도가 구하고 응답받는 면이 있기는 합니다. 하지만 이렇게 밤새워 기도한 기도 행위에 주목하고 우리도 밤새워 기도해서 응답받고 문제를 해결하자고 한다면 그것은 인본주의 발상입니다. 내가 원하는 것을 구해서 얻는 것을 기도라고 말하기는 너무 표피적이며 자기중심적 신앙 행태라 하겠습니다.

우리가 예수를 믿기 전에는 이 예배나 말씀, 기도는 우리와 전혀 관계가 없었던 행위였습니다. 한다고 해도 하나님과 만나는 교합이 없는 종교 행위일 뿐입니다. 그러나 예수를 믿고 난 후에는 그 모든 것이 하나님과 사귀며 관계를 맺는 매개가 됩니다. 예배와 말씀 기도를 통해 하나님을 알아 가며 내 삶을 하나님의 뜻에 맞게 조율과 수정을 반복하며 하나님과 일치와 친밀함을 더해 가는 여정을 기독교 신앙생활이라고 합니다. 이 여정을 통해 그리스도의 장성한 분량에 이르게 되는 것입니다.

중국 조선족 지도자 교육과 교회 지원을 하며 4년간 사역을 할 때 늘 기도한 것은 '신변의 안전'이었습니다. 그러나 기도한 것과는 달리 예배 도중에 공안에 체포되어 모욕당해야 했습니다. 공안과의 말다툼으로 관찰 인물이 되어 중국 사역을 중단하고 화평 교회를 개척하게 되었습니다.

한번은 찬양대를 인도하는 장 집사가 가까운 큰 교회로 옮기겠다고 해서 너무 힘들고 좌절이 되어 하나님께 위로받으려고 기도했는데 하나님은 내게 있는 '자기 의'를 보여 주시며 책망하셨습니다. 저는 이리 구르고 저리 구르며 눈물로 회개하였습니다. 그리고 장 집사를 불러 축복하고 보냈습니다. 저는 위로를 구했는데 하나님은 내게 있는 '자기 의'를 보여 주셨습니다.

저는 이렇게 기도한 것과 다른 결말을 수없이 경험하였습니다. 구한 것과 다른 결말은 '하나님의 마음과 일치를 조율하는 계시'라는 것을 알게 되었습니다. 그래서 저는 이 다른 결말을 '구하는 것에 넘치도록 역사하시는 하나님의 은혜'라고 말합니다.

> 엡 3:20 우리 가운데서 역사하시는 능력대로 우리의
> 온갖 구하는 것이나 생각하는 것에
> 더 넘치도록 능히 하실 이에게
>
> 엡 3:21 교회 안에서와 그리스도 예수 안에서 영광이
> 대대로 영원 무궁하기를 원하노라 아멘

우리의 기도가 자기 뜻을 관철하려는 데 맞춰져 있다면 그리스도를 따를 수가 없습니다. 구하고 응답받는 면에 주목하면 예수의 형상을 본받게 하는 성령님의 이끄심을 보지 못합니다. 하향하신 그리스도를 따를 수가 없다는 말입니다.

예수님은 아버지의 뜻을 이루라고 보내심을 받으셨습니다. 그리고 아버지의 뜻을 함께 온전히 이루어 낼 사람들을 부르시고, 자신

이 보냄을 받은 것처럼 그들을 세상에 보냅니다.

> 요 4:34 예수께서 이르시되 나의 양식은
> 나를 보내신 이의 뜻을 행하며
> 그의 일을 온전히 이루는 이것이니라

> 요 20:21 아버지께서 나를 보내신 것 같이
> 나도 너희를 보내노라

이 말씀에 근거하면 그리스도를 따른다는 것은 하나님의 뜻을 이루는 것으로 나타나야 합니다. 그래서 기도 훈련이란 응답과 해결과 축복에 매몰된 신앙에서 벗어나 하나님의 뜻을 향하는 훈련입니다. 부와 성공, 명성의 욕구를 씻어 내는 훈련입니다. 기도 훈련은 자기를 내려놓고 하나님의 왕권과 통치를 회복하는 훈련입니다.

기도 시간은 하나님의 시각으로 자아를 바라보는 시간입니다. 내 안에 있는 분노, 상처, 불안, 적대감, 미움, 원망, 절망과 고통, 정욕을 대면하는 시간입니다. 하나님 없이 헛된 야망에 사로잡혀 있는 모습을 직면하는 시간입니다. 이런 자신의 비참한 모습을 보아야 하나님께 긍휼과 자비를 부르짖게 됩니다.

그래서 기도는 하나님 앞에서 자신의 부정함을 보아야 하는 불편하고 어려운 시간이기도 합니다. 그러나 이 기도의 시간을 통해서 상향성을 씻어 내는 영혼의 정화를 경험하고 성육신을 이루어 가는 것입니다. 성육신을 이루는 예수의 길은 세상 복을 받으며 헐겁게 따를 수 있는 길이 아닙니다. 그래서 예수님은 "그 길이 협착하고 문은 좁다."(마 7:13-14)라고 말씀하셨습니다.

우리가 상향성의 웅덩이에 갇혀 함께 살아가고 있기에 상향성을 당연한 것으로 생각하게 됩니다. 그래서 그 욕망을 벗어나기까지 기도의 시간이 필요합니다. 주님과 일치가 되기까지 성령의 인도를 받기 위해 하나님 앞에 엎드리는 기도의 시간을 가져야 합니다. 하나님으로 채우셨던 그리스도의 광야 시간이 오늘 우리에게도 필요합니다.

기도를 영적인 호흡이라고 말합니다. 그것은 호흡이 끊기면 죽는 것이듯 기도가 끊기면 영성이 죽기 때문입니다. 그런데 기도가 기도하는 데 중심이 있으면 기도 시간을 채우고 입을 열어 아뢰면 기도한 것으로 생각하게 됩니다. 그러나 기도의 본질과는 거리가 있습니다.

오스왈드 챔버스는 "예수님께서는 언제나 우리를 계속 하나님과 완전하게 연결되도록 하신다."라고 말했습니다.[10] 기도란 하나님과 연결되는 시간입니다. 복을 받고 문제를 해결하고 병 고침을 받고 하는 차원보다 **[거룩하신 하나님과 연결됨]**이라는 고결하고 우선적 차원입니다. 그럴 때 하나님을 만나고 느끼고 누리는 축복을 경험하게 됩니다.

그래서 기도는 하나님과의 연결, 접속, 만남, 사귐이라는 경험을 가지는 특권적 시간입니다. 이런 특권적 인식으로 충만하지 않으면 기도는 기도 시간을 보낸 것으로, 문제가 해결되고 소원한 것을 이

---

10) 오스왈드 챔버스, 《주님은 나의 최고봉》, 토기장이, 2015.

루게 된 것으로 족하게 여깁니다.

창조주 하나님, 만유의 주 하나님, 온 땅에 충만하신 하나님의 충만함이 경험되는 것으로 기쁘고 족하게 여기는 것이 기도여야 합니다. 하나님과 연결되고 그 결과 하나님으로 충만해지는 것이 기도입니다. 응답받고 해결되고 소원을 이루는 것은 이런 기도의 본질에 붙어 있는 작은 가지라 할 수 있습니다.

우리가 이 기도의 본질에 붙어 있는 껍질 하나 얻겠다고 기도하는 것은 우리의 상향성의 욕구가 강력하기 때문입니다. 이 강력한 상향성이 빠져나가기까지 하나님과 온전하게 연결되는 기도 시간이 필요합니다. 기도는 견고하게 자리를 잡은 이 상향성을 밀어내는 능력입니다.

바울은 "쉬지 말고 기도하라."라고 가르쳤습니다. 그리스도인의 삶이란 하나님과 연결되어서 나타나게 됩니다. 그것을 영적인 삶이라고 하며 자기 욕망에 따라 나타나는 삶을 육적인 삶이라 합니다. 그래서 오스왈드 챔버스는 "기도는 어떤 운동이 아니라 삶 자체이다."라고 말했습니다.[11] 죽지 않는 이상 어떤 모습이든 세상의 삶은 이어 가게 됩니다. 대부분 사람은 이 삶을 자기가 원하는 대로 살려고 합니다. 그러나 신자의 삶은 하나님과 연결되어서 나타나야 합니다. 그 연결을 위해 항상 기도하는 삶을 살아야 합니다. 이 하나님과의 연결, 사귐, 하나님의 충만하심을 위해 쉬지 않고 기도해야 합니다. 하나님과 연결에 몰입하고 반복함으로 연결된 하나님을 세상에 드러내게 됩니다.

---

11) 같은 책.

저의 어머님은 그릇을 떨어뜨릴 때 "주여!"라고 소리를 지르셨습니다. 난감한 일을 만나셨을 때도 "주여!", 남의 어려움을 보시고는 "주여!" 하고 탄식하셨습니다. 어머님은 그 일상을 다 하나님과 연결하여 생각하신 것입니다. 주문처럼 외우신 것은 아닙니다. 모든 일상을 하나님과 함께 사신 것입니다. 그렇게 범사에 하나님과 연결되어 사는 것이 쉬지 않고 기도하는 것입니다.

바울은 성도의 기도를 성령께서 도우신다고 말씀했습니다.

> **롬 8:27** 마음을 감찰하시는 이가 성령의 생각을 아시나니
> 이는 성령이 하나님의 뜻대로 성도를 위하여 간구하심이니라

성령은 우리가 기도하도록 탄식하며 돕는다고 말씀하십니다. 신자는 성령의 탄식을 인식하고 기도하게 됩니다. 성령의 탄식하심을 인지함에서 나온 기도는, 성령님과 한마음으로 올리는 탄식의 기도이며 하나님께 상달되는 기도입니다.

> **출 2:23** 여러 해 후에 애굽 왕은 죽었고
> 이스라엘 자손은 고역으로 인하여 탄식하며 부르짖으니
> 그 고역으로 인하여 부르짖는 소리가 하나님께 상달한지라

이스라엘의 탄식이 고통에서 나온 것이지만 그 고통은 기도하게 하시는 하나님의 이끄심입니다. 그 탄식은 하나님의 긍휼만이 답이라는 외길에 선 자들의 부르짖음입니다. 탄식이 불행이나 고통에서

터져 나오는 소리겠지만 하나님만이 하실 수 있는 은총과 능력을 보게 되는 전조(前兆)라 생각됩니다.

자신의 부정함을 보게 되거나 비극적 재앙이나 흉악한 일들, 인간의 불행을 보면 절로 탄식하는 기도가 나옵니다. "주여, 불쌍히 여겨 주소서! 주 예수여, 자비를!"

나라를 생각하며, 고통 중에 있는 자들을 위해 성령님은 탄식하시며 우리의 중보 기도를 깨우십니다. 신자라면 그 깨우침을 외면할 수 없습니다. 그래서 탄식하는 기도는 하나님께 상달되고 하나님의 은총과 능력을 맞이하는 전조가 됩니다. 그렇기에 그의 백성은 기도하는 삶을 쉬지 아니합니다. 오늘이 참으로 완악하고 패역한 시대로 보인다면 우리의 탄식하는 기도를 들으시려는 성령님의 깨우심이며 하늘문을 여시고 은혜를 베푸시려는 하나님의 때임을 분별하여야 합니다.

불의의 역사가 계속되고 있다는 것은 우리의 탄식하는 기도 소리가 계속되어야 함을 말합니다. 하나님은 답을 준비하셨고 자기 백성의 간구를 기다리고 계십니다.

제2부
하향의 힘 기르기

내 입에서 나가는 말도
헛되이 내게로 돌아오지 아니하고
나의 뜻을 이루며
나의 명하여 보낸 일에 형통하리라
(이사야 55장 11절)

5
고난도 기쁘게

롬 8:29 하나님이 미리 아신 자들로
또한 그 아들의 형상을 본받게 하기 위하여 미리 정하셨으니
이는 그로 많은 형제 중에서 맏아들이 되게 하려 하심이니라

기도는 많이 하지만 하나님의 소원에는 무지하거나 외면하며 자기, 자기 교회, 돈, 자기 이익, 문제해결을 위해 기도하고 있다면 그리스도인이 아니든지 자기밖에 생각할 줄 모르는 갓난아이 신앙에 멈춰 있는 신자입니다.

"예수 그리스도의 장성한 분량에 이르기까지 자라 가라." "아들의 형상을 본받아라."라는 성화의 길은 좁고 협착한 길이라 힘들게 느껴집니다. 이렇게 소명, 시험, 영적 성숙, 하나님을 드러냄을 얘기하니까 마음이 무거워지게 됩니다.

우리가 풀무불에 던져질지라도
하나님께서 건져 주실 것입니다.
그러나 건져 주지 않으실지라도
왕의 신상에는 절하지 않겠습니다.
(다니엘 3장 17-18절)

다니엘의 세 친구는 자기의 소원과 달리 불 속에서 타 죽는다고 해도 여호와 하나님만이 경배받아야 할 분이심을 드러냈습니다. 그 어떤 상황에서도 하나님은 경배받으셔야 할 분이라는 것입니다. 상황 때문에 하나님 경외가 흔들리는 것이 아니라 상황이 어떠하든지 하나님을 경배하는 것이 자기 백성의 영적 DNA입니다. 예수 따라가는 것이, 말하는 대로 생각하는 대로 되는 것이 아니기에 힘들 수는 있지만, 그 길에 하늘 영광이 있습니다.

우리의 신앙은 성장이나 성공 명성보다도 하나님을 드러내야 하는 소명에 초점을 두어야 합니다. 그것은 무거운 짐이 아니라 영광의 길이며 성도가 가야 하는 길입니다. 등반가는 산 정상을 향하여 올라갈 때 힘들고 고통스럽습니다. 그러나 정상에 오르고 나면 그 힘들고 고통스러움을 보상해 주는 기쁨이 있고 영광과 만족함이 있습니다. 그러기에 오르고 또 오르는 것입니다.

목회하는 동안 잊지 못할 동역자 한 분이 계십니다. 이런저런 이유로 교인들이 떠나고 교세가 줄어든 막바지까지 변함없이 여전도회 회장을 맡아 섬겨 주신 분입니다. 예배, 봉사, 헌금, 교제, 교회에 최선을 다하셨던 분입니다. 저에게 항상 힘이 되고 위로가 되었던 분입니다. 그런데 이분이 갑자기 유방암 진단을 받게 되었습니다. 저는 크게 당황했고 하나님이 원망스러웠습니다. 힘들게 버티고 있는데 집사님마저 힘들어지면 어떻게 합니까? 하나님께 눈물로 엎드려 기도할 때 하나님은 저에게 복음성가 하나를 들려주셨습니다.

♬ 비바람이 앞길을 막아도
　나는 가리 주의 길을 가리
　눈보라가 앞길을 가려도
　나는 가리 주의 길을 가리

　이 길은 영광의 길
　이 길은 승리의 길
　나를 구원하신 주님이
　십자가 지고 가신 길

　나는 가리라
　주의 길을 가리라
　주님 발자취 따라
　나는 가리라 ♬

<주의 길을 가리>, 김석균

　저는 눈물로 회개하며 이 성가를 부르고 불렀습니다. 그리고 수술하는 날까지 주의 자비를 구하는 기도회를 열었습니다. 매일 밤 10여 명이 모여 예배하며 기도를 드렸습니다. 그때 이 찬송을 주제가처럼 불렀습니다.
　"유방암일지라도 주의 길을 가리라, 건강을 잃어도 주의 길을 가리라." 이런 노래 아니겠어요. "왜냐하면, 그 길이 영광의 길이고 승리의 길이고 신자가 가야 할 길이기 때문이다. 왜냐하면, 그 길이 나를 구원하신 주님이 가신 길이기 때문이다." 이런 고백입니다.

위로가 필요하고 용기가 필요하고 회복에 대한 믿음이 필요한 때입니다. 그런데 '상황이 그럴지라도 주의 길을 가라'는 찬양을 함께 불렀습니다. 하나님은 집사님에게서 다니엘의 친구들과 같이 '그리 아니하실지라도 하나님을 경배하는 신앙'을 보기 원하셨던 것 같습니다.

그런데 여기에 곁 이야기가 있습니다. 집사님의 남편은 은행 지점장이었는데 아내가 천당에 올라갈 때 치마 붙들고 함께 가겠다며 예수 믿기를 완곡히 거절하던 분입니다. 그런데 아내의 유방암으로 인해 기도회 첫날 함께 나와 예배드리고 주님을 구주로 영접하게 되었습니다. 그러고는 신앙생활을 시작하게 되었습니다. 돌 같은 마음이 녹는 기적 같은 순간이었습니다. 아내의 유방암이 예수 믿게 되는 기회가 되었고 하나님을 의지하며 살게 되는 시작이었습니다. 할렐루야!

유방 절제 수술과 항암치료라는 고통스러운 과정을 잘 이겨 냈습니다. 그 고통을 묵묵히 견뎌 내고 전에 하던 대로 묵묵히 예배하고 섬겼습니다. 마치 아무 일 없었다는 듯이 이전과 이후가 같았습니다. 참 존경스러웠습니다. 어떤 상황에도 하나님을 경외하는 것, 주님께 받은 소명에 헌신하는 것은 다니엘의 세 친구와 같은 영적 DNA라고 생각합니다.

상황이 힘들고 어려워도 주의 길을 계속 걷는 것, 그래서 세상에 예수를 드러내는 것이 우리가 가진 DNA입니다. 그것은 무거운 짐이 아니라 그리스도인의 기쁨입니다.

행 5:41 사도들은 그 이름을 위하여 능욕 받는 일에 합당한 자로 여기심을 기뻐하면서 공회 앞을 떠나니라

우리의 결국은 천국이고 하나님이 작정하신 예수의 장성한 분량에 이르는 것입니다. 그러니 고난도 기쁨으로 감당하며 가게 되는 길입니다.

6
참된 보상

> 마 19:27 이에 베드로가 대답하여 가로되
> 보소서 우리가 모든 것을 버리고 주를 좇았사오니
> 그런즉 우리가 무엇을 얻으리이까

> 마 19:29 또 내 이름을 위하여
> 집이나 형제나 자매나 부모나 자식이나 전토를 버린 자마다
> 여러 배를 받고 또 영생을 상속하리라

베드로가 주를 따른 것에 대한 어떤 보상이 있을 것인가를 질문했습니다. 예수님은 이생에서 여러 배로 받을 것이라고 말씀하셨어요. 호크마 주석에는 '여러 배로 받는다'라는 말을 이렇게 설명하고 있습니다.

여러 배는 차고 넘칠 정도로 많은 수를 말한다. 실로 그리스도 복음을 위해 집, 부모, 형제를 버린 자는 신앙 공동체(信仰共同體)의 일원으로서 영적 가족이 되어 수많은 신앙의 형제자매를 얻게 될 것이다(12:49-50). 또한 그는 비록 물질은 상실했지만 물질보다 더 영원하고 가치 있는 참평안과 사랑과 행복의 실제이신 예수 그리스도를 얻게 될 것이다.[12]

---

12) 호크마 주석, 마태복음 19장.

부와 건강, 명성과 성공을 보상이라고 생각하지만, 예수님은 신실한 믿음의 가족을 얻게 된 것, 그리고 예수 그리스도 자신을 얻게 되는 것이 참된 보상이라고 말씀하셨다는 것입니다.

예수님은 또한 "영생을 상속하리라."라고 말씀하셨습니다. 영생하는 자의 특성은 하나님을 경외하는 것입니다. 하나님 경외하는 속성 자체가 보상인 것입니다. 죄로 멸망할 무리에서 은혜로 택함을 받아 하나님을 경외하게 된 것 그것이 상이며 영광입니다. 그것에 감사하고 기뻐하는 사람이 그의 백성입니다. 예수께서 아버지 하나님을 드러내실 때 무슨 의무감이나 압박감에서 한 것이 아니라 기쁨으로 하셨습니다. 하나님을 드러내는 것은 무거운 짐이 아니라 특권이요 기쁨입니다.

하나님을 경외한다는 것은 보편적인 것이 아니라 죄인들 가운데서 아들로 지명하여(사 43:1) 부름을 받은 자만이 누리는 특권입니다. 그러니 하나님을 알고 즐거움으로 경외할 수 있는 영성 그 자체가 영광이며 참된 보상입니다. 내가 이 세상의 부와 영광을 갈망하고 있다면 하나님 경외하는 영성을 잃어버렸기 때문이 아닐까요?

> **살전 5:16-18** 항상 기뻐하라 쉬지 말고 기도하라 범사에 감사하라 이는 그리스도 예수 안에서 너희를 향하신 하나님의 뜻이니라

우리가 경험하는 모든 것은 하나님의 섭리 안에서 나타나는 것들입니다. 하나님께서 정하신 바를 이루시는 역사이며 개입하심입니

다. 신자가 경험하는 일들이 종종 불편하거나 고통스러울 수는 있겠지만, 바울은 그 모든 것들이 합력해서 하나님의 뜻이 이루어지는 역사라고 말합니다(롬 8:28). 그래서 항상 기뻐하고 기도하고 감사하며 주 안에 머물러 있으라고 한 것입니다.

욥은 한 날에 가진 재산을 모두 잃었고 자녀 열 명을 모두 잃었습니다. 그 이유를 알 수는 없었지만, 하나님의 섭리 안에서 나타난 일이기에 엎드려 하나님을 찬양하며 예배했습니다.

> **욥 1:20** 욥이 일어나 겉옷을 찢고 머리털을 밀고
> 땅에 엎드려 경배하며
>
> **욥 1:21** 가로되 내가 모태에서 적신(赤身)이 나왔사온즉
> 또한 적신이 그리로 돌아 가올찌라 주신 자도 여호와시오
> 취하신 자도 여호와시오니
> 여호와의 이름이 찬송을 받으실찌니이다 하고
>
> **욥 1:22** 이 모든 일에 욥이 범죄하지 아니하고
> 하나님을 향하여 어리석게 원망하지 아니하니라

욥의 흔들리지 않는 깊은 신앙과 고결한 품격을 볼 수 있습니다. 그는 건강까지 잃었습니다. 기복주의자들이 보면 마치 하나님께 저주받은 모습입니다. 욥은 그런 상황에서도 하나님은 경배받으시고 찬양을 받으셔야 하는 분임을 드러냈습니다.

주기철 목사님은 일제의 신사참배 강요에 저항하다가 목사직은 파직되고 섬기던 산정현교회는 폐쇄되고 말았습니다. 일제는 주 목사님을 네 번째로 옥에 가두고 아내와 노모, 열 살의 막내아들을 취조실로 불러 그가 고문당하는 장면을 보도록 하였습니다. 공중에 매달린 주 목사님을 몽둥이로 매질하는 상황을 목격한 노모는 혼절했고 아내는 엎드려 기도했습니다. 막내는 충격으로 3~4년 실어증으로 말을 심하게 더듬었다고 합니다. 5년 4개월에 걸친 반복된 투옥과 고문에 더는 버티지 못하고 1944년 4월 21일 밤 순교하셨습니다. 그는 하나님만이 경배를 받으셔야 하는 분이심을 죽음을 불사하며 드러낸 인물입니다.

그의 일대기는 이렇게 강인하고 초인적인 인물로 묘사되고 있습니다. 그런데 그의 아들 주광조 장로는 아버지 주기철 목사의 저항과 순교에 다른 관점을 첨가하여 간증하였습니다.

"우리 아버지는 그렇게 강인한 분이 아닙니다. 그분은 마음이 약하셨고 정이 많으셨습니다. 일본 순경에 잡혀가는 것을 두려워하셨습니다. 그런데도 그 고난의 길을 갈 수 있었던 이유는 아내의 기도, 교우들의 기도, 그리고 그 무엇보다 성령님의 도우심이 있었기에 그 길을 갈 수 있었습니다."

성령님은 자기 백성이 하나님을 경외하도록 이끄시고 도우십니다. 자기 백성이 예수의 장성한 분량에 이르도록 도우십니다. 예수님께서 아버지 하나님을 드러내신 것처럼 자기 백성이 삶에서 하나님을 드러내도록 인도하십니다.

그리스도인은 삶으로 하나님을 경외하며, 삶에서 하나님 드러내는 것을 영광으로 압니다. 죄인이 이런 삶을 살 수 있다는 것이 성령의 역사이며 영적 특권이며 참된 보상입니다.

7
주님의 자비와 긍휼을 내놓는 것

레 23:22 너희 땅의 곡물을 벨 때에 밭 모퉁이까지 다 베지 말며
떨어진 것을 줍지 말고 너는 그것을 가난한 자와
객을 위하여 버려 두라 나는 너희 하나님 여호와니라

남미 가톨릭 신부들이 주도한 해방신학은 한국의 진보주의 성향의 천주교 신부들과 개신교 교수와 목사들에게도 영향을 미쳤습니다. "하나님은 학대받고 가난한 자들의 하나님이시며 그리스도인은 그들의 편에 서서 독재나 지주들로부터 착취 억압받는 이들을 구원해 내야 한다는 것입니다. 그것을 영적인 구원과 같다고 생각합니다. 남미 신부들은 그들을 구원해 내겠다며 공산주의, 좌파 사회주의와 연합하여 무장 혁명에 나섰습니다."[13] 해방신학의 절대 선은 가난한 자들 구원해 내는 것입니다. 자신들의 비도덕성이나 거짓, 선동, 무력, 폭력은 선을 완수하기 위한 수단으로 생각합니다.

오늘 우리 사회 정치 경제 학교 사상 종교 등 전 분야에서 공통된 슬로건은 '가난한 자, 약자를 구원하자'라는 것입니다. 방법에는 차이가 있고 순위는 다를지라도 모두가 공유하고 있는 정서입니다. 이러한 정서 속에 교회가 가난한 자, 약자를 외면하고 덩치만 키우고

---
13) 나무위키, 〈해방신학〉, 아시아에 끼친 영향, 개신교에 끼친 영향.

있다고, 체제 유지만을 생각한다며 비난하는 반기독교 정서가 확장되고 있습니다.

그런데 오늘 교회가 비난을 받는 것은 가난한 자를 외면해서도 아니고 약자를 돌보지 않아서도 아닙니다. 실상 교회는 빈민을 구제하자고 목소리를 높이는 자들보다 훨씬 많은 부분을 담당하고 있습니다. 비난의 실체는 교회가 세상처럼 더 많이 더 높이 더 강해짐을 추구하는 것을 비난하는 것입니다. 세상은 교회가 어떠해야 하는지 아는데 교회는 모르고 있는 것이 비난의 배경입니다.

교회의 존재 가치는 가난한 자를 구원하는 데 있지 않습니다. 성장 확장에 있지 않습니다. 하나님을 경외하고 사랑하는 것으로 존재하게 됩니다. 그 경외와 사랑은 하나님과 친밀한 사귐 속에서 채워집니다.

하나님은 예배와 말씀 기도를 통하여 우리를 만나러 오십니다. 그 시간은 인간의 욕망을 벗어 버리고 하나님으로 채우는 시간입니다. 그것이 교회라는 공동체에서 훈련되고 선명하게 적용되어 하나님 경외와 사랑이 온 땅에 드러나게 됩니다. 이렇게 하나님을 드러낼 수 있는 곳이 오직 교회뿐이고 그래서 교회가 하나님의 희망이며 세상의 희망이 되는 것입니다. 그러나 교회에서 하나님은 볼 수 없고 정욕을 보게 되니 비난하는 거 아니겠습니까? 신앙이란 매 순간 욕망을 내려놓는 선택이며 교회란 욕망을 내려놓은 공동체임을 알아야 하겠습니다.

예배와 말씀 기도에서 하나님으로 충만해집니다. 채워진 하나님이 신자의 성육신으로 세상에 나타납니다. 이것이 기쁘고 즐거워 반복하게 됩니다. 그래서 신앙생활은 하나님을 드러내는 삶을 반복하는 것이라 할 수 있습니다. 이 반복되는 삶 가운데 가난한 자와 고아와 과부 거류민을 위한 하나님의 자비를 알게 되고 그 자비의 하나님을 드러내게 됩니다. 이것이 가난한 자를 위한 하나님의 방식입니다.

예수께서 중풍 병자를 고치셨을 때 많은 사람이 하나님께 영광을 돌렸습니다. 오병이어로 오천 명을 먹이고도 열두 광주리가 남았을 때 많은 사람이 따랐습니다. 죽은 나사로를 살리셨을 때 많은 사람이 예수를 믿었습니다. 그런데 예수께서 빌라도의 법정에 섰을 때 그 많은 사람이 예수를 죽여야 한다고 외쳤습니다. 예수께서 십자가에 달리신 그 아래에는 요한과 슬피 우는 여인 셋이 있었을 뿐입니다.

빌리 그래함 여의도 집회에 100만 명이 운집했습니다. 거기서 수많은 사람이 예수를 믿겠다고 일어섰습니다. 신앙의 발단은 이렇게 집단적일 수가 있습니다. 분위기에 휩쓸려서 집회에서 은혜를 경험하거나 신비를 체험할 수 있습니다. 그러나 개인적으로 하나님을 만나는 시간이 없다면 그 체험은 지푸라기 같아서 십자가 앞에서는 다 도망가고 맙니다.

20년 만에 교회 후배에게 전화가 와 만나게 되었습니다. 그는 건축업을 하고 있었습니다. 술 접대며 현장 관리, 직원 관리, 자금 관리며 일에 밀리고 시간에 쫓겨 살고 있다는 겁니다. 그러면서도 주일마다 명성 있는 한 대형 교회 주일 예배에 빠지지 않고 참석하였습니다. 그 목사님의 설교를 들으면 그렇게 눈물이 난다고 했습니다. 그 은혜의 체험이 좋아서 매 주일 예배에 참석했지만, 삶은 쳇바퀴 돌듯 변화가 없다고 했습니다. 그저 그 체험으로 자신의 신앙을 확인하고 있었습니다.

구원이 집단으로 이루어지는 것이 아니듯 진리를 깨달음도 집단으로 주어지지 않습니다. 집단에서 얻은 감동이나 신비의 체험은 개인적으로 하나님 앞에 엎드리며 진리와 연합으로 이끄는 마중물과 같습니다.

개인적으로 하나님과 만나는 시간이 필요합니다. 그것을 큐티라고 말하기는 하지만 주님을 만나는 것과는 다를 수도 있습니다. 큐티를 했어도 자기 영광과 승리와 성취를 구하고 있다면 주님을 만나지 못한 것입니다. 주님을 만나면 그 권위와 영광 앞에 항복하고 엎드리게 됩니다. 주님을 만나는 시간은 자아를 내려놓고 주님을 채우는 시간이며 주인이 바뀌는 시간입니다. 그래서 자아는 죽고 거룩한 주님을 내놓게 됩니다. 가난한 자와 약한 자 갇힌 자를 향한 주님의 긍휼과 자비를 내놓게 됩니다. 이것이 하나님이 계획하신 방식입니다.

인류애, 정치, 사상은 가난한 자, 약자들을 품을 수는 있습니다. 그러나 창조주 하나님을 드러내지는 못합니다. 오직 그리스도를 품은 자들만이 하나님을 드러낼 수 있습니다. 내가 그리스도를 내놓지 않으면 세상 또한 그리스도를 볼 수 없습니다.

8
하나님이 주가 되시는 세상

> 레 23:22 너희 땅의 곡물을 벨 때에 밭 모퉁이까지 다 베지 말며
> 떨어진 것을 줍지 말고 너는 그것을 가난한 자와
> 객을 위하여 버려두라 나는 너희 하나님 여호와니라

여기서 곡식을 나누라는 말의 진의는 하나님을 나누라는 것입니다. 재물을 나누는 것이 아니라 하나님을 나누는 것이 하나님의 본의이며 계획입니다. 하나님 없이도 누구나 곡식을 나눌 수는 있지만, 누구나 하나님을 나누지는 못합니다. 하나님으로 채워져야 채워진 하나님이 나누어질 수 있습니다.

고든 맥도날드는 "웬만한 일에는 세상도 교회 못지않거나 교회보다 낫다. 집을 지어 주고 가난한 자를 먹여 주고 아픈 사람을 고쳐 주는 일은 굳이 교인이 아니어도 할 수 있다. 그러나 세상이 못하는 일이 하나 있다. 세상은 은혜를 베풀 수 없다."[14]라고 말했습니다.

교회가 해야 할 일이 무엇입니까? 은혜를 나누는 일입니다. 가난한 자, 약자의 필요를 채워 주는 일은 누구나 할 수 있어요. 그러나 하나님의 은혜를 나누는 일은 교회만이 할 수 있습니다. 교회는 성장을 위해 곡식을 나누는 일을 하는 것이 아닙니다. 내가 받은 하나님의 은혜를 흘러넘치게 내놓는 것입니다. 그래서 하나님이 드러나게 되는

---
14) 필립 얀시, 《놀라운 하나님의 은혜?》, IVP, 2020, 14쪽.

거예요. 은혜의 특성은 고여 있지 않고 넘쳐흐른다는 것입니다.

> **창 49:22** 요셉은 무성한 가지 곧 샘 곁의 무성한 가지라
> 그 가지가 담을 넘었도다

요셉이 받은 은혜의 무성함이 담을 넘어간다는 말입니다. 그것은 '하나님이 넘어가는 것'으로 적용할 수 있습니다. 외형상 곡식이 넘어가지만, 실상은 하나님의 마음, 하나님의 말씀을 따른 것이기에 하나님을 넘긴 것입니다. 그렇게 해서 세상이 하나님을 보게 되는 것입니다.

제 친구는 성남에서 3년 동안 수요일마다 노인에게 점심 식사 사역을 했습니다. 30여 명이 오셔서 먹었지만, 한 명도 등록한 사람이 없다고 합니다. 친구는 '교회 성장에 아무 효과가 없는 사역을 계속해야 하느냐'며 갈등하고 있었습니다.

필립 얀시는 "그리스도인이 약한 자들을 섬기는 것은 그들이 섬김을 받을 자격이 있어서가 아니라, 하나님이 정반대 대우를 받아야 마땅한 우리에게 그 사랑을 베푸셨기 때문이다."라고 말했습니다.[15] 그들을 섬기는 것은, 그들이 교회를 나올 것이기 때문이 아니라 내가 받은 하나님의 은혜를 나눌 뿐입니다.

하나님을 나눈다는 것은 가난한 자들을 향한 하나님의 은혜와 사랑, 자비를 드러내는 것입니다. 아울러 하나님께서 그 밭의 소유주 되심을 그리고 만유의 주가 되심을 고백하는 것입니다.

---

15) 같은 책, 330쪽.

바리새인들은 안식일을 지키고 십일조를 하고 금식하고 정기적으로 기도하고 구제했습니다. 이런 바리새인들을 백성들은 경이롭게 여기며 매우 존경했습니다. 그러나 예수님은 "독사의 자식들아"라고 책망하셨습니다. 그것은 그들의 행위가 하나님을 드러내고자 함이 아니라 신앙의 우월함을 드러낸 것이기에 자기 의는 보여 주었지만, 하나님은 보여 줄 수가 없었습니다. 그들 안에 하나님이 없었기 때문입니다.

어떤 권사 한 분이 목사님에게 내 남편 예수 믿게 해 달라고 부탁하였습니다. 목사님은 남편에게 찾아가 "예수 믿고 천국 갑시다."라고 전했습니다. 남편은 "목사님, 내 아내가 가는 곳이 천국이라면 나는 가지 않겠습니다."라고 말하더랍니다. 성깔 사나운 아내가 교회생활은 열심히 하는 것은 보여 주었지만, 하나님은 보여 주지 못했습니다. 오늘 교회에서 가정에서 복 받겠다는 신앙 행위는 볼 수 있지만, 하나님이 나누어지지 않고 있는 것은 우리 안에 하나님을 만나고 경험한 사건이 없기 때문입니다.

하나님을 만난 증거는 무엇입니까? 하나님과 같은 관점을 가지게 됩니다. 고아와 과부, 가난한 자와 거류민을 긍휼히 여기시는 하나님의 관점을 가지게 됩니다. 그래서 밭모퉁이의 곡물은 베지 않게 됩니다. 떨어진 이삭은 줍지 않게 됩니다. 그렇게 하나님의 방법을 따르므로 하나님의 자비를 드러냅니다.

하나님은 우리가 죄인 됨을 불쌍히 여기시고 은혜를 베푸셨습니다. 그 은혜를 입은 증거는 무엇입니까? 내가 받은 하나님의 긍휼하심을 다른 사람에게 나누는 것입니다. 그렇게 해서 하나님이 우리 가정과 교회에, 세상에 나타나게 되는 것입니다. 그래서 하나님의 마음이 가득한 세상, 하나님의 마음으로 다스려지는 세상을 보게 되는 것입니다. 하나님이 주가 되신 세상입니다.

> 고전 13:3 내가 내게 있는 모든 것으로 구제하고
> 또 내 몸을 불사르게 내어 줄찌라도
> 사랑이 없으면 내게 아무 유익이 없느니라

요한이 '하나님은 사랑'이라고 증언했으니(요일 4:8) '사랑이 없으면'을 '하나님이 없으면'으로 대입할 수 있습니다. 바울은 우리의 구제나 자선 동정에 하나님이 나타나지 않으면 아무것도 아니며 아무 유익이 없다고 말했습니다.

보수나 진보가 해방신학이 자기들의 방식으로 가난한 이들을 구원하겠다고 목소리를 높이지만 갈등의 골은 깊고 양극화는 더욱 두드러졌습니다. 하나님의 방식이 아니기 때문입니다. 하나님이 주가 되신 세상을 향하지 않기 때문입니다.

예수의 형상을 본받기를 원하시는 하나님의 뜻보다 자신의 상승을 구하는 것은 세상의 길입니다. 예수와 사귀며 경험한 예수를 공동체에 그리고 세상에 드러내 보이는 증언이 기독교 신앙생활의 본질입니다. 이것이 하나님이 주가 되시는 세상을 이루어 가는 그리스도의 길입니다. 본질인 그리스도의 길을 향하면 비본질 영역에도 평화가 옵니다.

9
누가 이기는가?

요일 5:4 대저 하나님께로서 난 자마다 세상을 이기느니라
세상을 이긴 이김은 이것이니 우리의 믿음이니라

존 파이퍼는 그의 책 《존 파이퍼의 거듭남》에서 다음과 같이 말했습니다.

> 거듭남의 증거는 세상을 이기는 것이다.
> 거듭남의 결과는 하나님, 하나님의 일, 하나님의 뜻을
> 가장 귀하고 아름다운 것으로 받아들인다는 것이다.
> 이 받아들임을 믿음이라고 하며 이 믿음이 세상을 이긴다.
> 세상은 우리를 노예 삼으려고 한다.
> 이런 세상을 이기는 힘은 믿음이다.[16]

신앙생활을 한다는 것은 세상을 이기며 살아간다는 것입니다. 우리가 세상이나 세상에 있는 것들을 보화로 여기며 부러워하고 얻으려고 하는 것을 극복해야 합니다. 많아지고 높아지고 강해지려는 상승의 마음을 극복해야 합니다. 주님은 낮아지고 약해지셔서 십자가를 지고 우리를 구원하셨습니다. 우리의 승리도 낮아지고 약해짐에

---
16) 존 파이퍼, 《존 파이퍼의 거듭남》, 두란노서원, 2009, 100쪽.

있습니다.

상향성은 마귀가 우리를 노예로 삼는 도구입니다. 상향성은 인간의 정욕입니다. 오스왈드 챔버스는 [정욕]을 '가지려는 마음'이라 하면서 "'예수께서 모든 결박을 푸셨도다'라고 찬양하면서 동시에 자신의 정욕에 철저하게 종 된 삶을 사는 것은 쉽습니다."라고 말했습니다.[17] 바울도 믿음대로 살지 못하는 자신을 탄식했습니다.

> 롬 7:24 오호라 나는 곤고한 사람이로다
> 이 사망의 몸에서 누가 나를 건져 내랴

요한은 이렇게 믿음의 삶에 실패했다고 해서 영생을 잃어버린 것이 아님을 밝혔습니다.

> 요일 2:1 나의 자녀들아 내가 이것을 너희에게 씀은
> 너희로 죄를 범치 않게 하려 함이라 만일 누가 죄를 범하면
> 아버지 앞에서 우리에게 대언자가 있으니
> 곧 의로우신 예수 그리스도시라

우리의 실패를 예수 그리스도께서 하나님 앞에 변호해 주신다는 것은 성도의 영생을 보장하신다는 약속입니다. 그렇다고 해서 계속해서 죄를 범해도 된다는 의미는 아닙니다. 오히려 보장된 약속을 믿기 때문에 좌절, 포기하지 않고 감사하며 다시 일어나 부르신 소명인 아들의 형상을 본받는 삶으로 나아가는 것이 믿음이고 이기는 자입니다.

---

17) 오스왈드 챔버스, 《주님은 나의 최고봉》, 토기장이, 2015.

고전 10:13 사람이 감당할 시험 밖에는 너희에게 당한 것이 없나니
오직 하나님은 미쁘사 너희가 감당치 못할 시험 당함을
허락지 아니하시고 시험 당할 즈음에 또한 피할 길을 내사
너희로 능히 감당하게 하시느니라

하나님은 내가 감당치 못할 시험을 당하지 않도록 막아 주십니다. 감당할 시험은 이겨 내도록 도우십니다. 그래서 그리스도인에게 시험은 있어도 패배는 없습니다. 우리가 어떤 상황에도 좌절하거나 포기하지 않고 다시 일어나 그리스도의 장성한 분량에 이르기까지 나아가는 자가 되도록 도우십니다. 그리스도인은 정욕인 상향성을 이기고 아들의 형상을 드러냄으로 거듭남을 증거합니다.

이기는 자의 본은 예수 그리스도이십니다. 예수님은 아버지 하나님의 뜻에 따라 십자가를 지셨습니다. 십자가상에서 "다 이루었다"라고 말씀하며 승리를 선언하셨습니다.

권력자에 결박당하고 죽임을 당했으니, 세상이 보면 실패요 저주이고 패배입니다. 그러나 아버지의 뜻을 따라 가장 낮은 곳인 십자가에서 세상 죄를 대신 담당하셨습니다. 그렇게 아버지 뜻을 이루신 것, 아버지의 뜻을 이루어 하나님을 영화롭게 하신 것(요 17:4), 그것이 승리이고 영광이 되셨습니다.

예수 믿는다는 것을 '죽어서 천국 가고, 세상에서 복을 누리는 사람이 되었다는 것'으로 이해한다면 너무도 표피적입니다. 권력을 가지거나 높은 자리를 차지하거나 남보다 앞서고 많이 가지게 되었다는 것이 아니라, 내가 예수님처럼 남의 짐을 대신 질 수 있는 사람

이 되었다는 것을 말합니다. 나를 욕하고 비난하는 사람을 축복할 수 있는 사람이 되었다는 말입니다. 오 리를 가자고 하면 십 리를 가 주고 겉옷을 달라고 하면 속옷도 줄 수 있는 사람이 되었음을 의미합니다. 주의 뜻을 위해 십자가를 져야 하는 낮은 자리에 가는 것, 신자는 그렇게 해서 이기는 자가 되는 것입니다.

그리스도께서 세상을 이기신 방식은 낮아지고 약해지는 방식입니다. 자기의 주장과 생각을 비우고 아버지 하나님의 뜻을 받아 순종함으로 하나님과 원수 된 세상의 방식, 육신의 정욕을 이기셨습니다. 그리스도께서 세상을 그렇게 이기셨다는 것은, 그의 백성도 그렇게 이길 수 있음을 본보이신 것입니다.

예배와 말씀과 기도의 시간은 세상을 보화 삼으려는 자신의 욕망, 육신의 생각을 비우는 시간입니다. 하나님의 생각을 가장 큰 가치로 받아 품는 시간입니다. 그것을 믿음이라고 말합니다. 그 믿음이 정욕을 이기고 상향성을 이기고 예수 그리스도의 형상을 본받으라는 하나님의 작정하신 뜻을 이루어 냅니다.

10
그리스도와의 연합

엡 1:23 교회는 그의 몸이니
만물 안에서 만물을 충만하게 하시는 자의 충만이니라

본문은 교회를 **[연합]**과 **[충만]**으로 정의하고 있습니다. **[연합]**은 성도와 그리스도와의 연합입니다. 교회는 그리스도와 연합한 성도의 연합으로 시작합니다. 그렇기에 그리스도 없는 교회는 교회라 할 수 없습니다. **[충만]**은 예수 그리스도로 충만함입니다. 그리스도와 연합함으로 시작된 교회는 그리스도께서 교회를 자신으로 충만해지도록 교회에 자신을 나타내시고 자신을 쏟아부으십니다. 그래서 교회는 그리스도로 충만해지고, 그리스도가 흘러넘쳐 세상이 그리스도를 보게 됩니다. 교회가 그리스도로 충만하려는 의지가 없다면, 교회에서 그리스도를 볼 수 없다면 그리스도와 다른 길을 가고 있기 때문입니다.

주일 오후 예배에 낯선 여자분이 참석했습니다. 우리 교회와 같은 동네에 살고 있으며 대형 교회에 교적을 둔 집사였습니다. 자기 교회 근처에서 노래방을 운영하는데, 잘 안되어 축복기도를 받으러 왔다고 했습니다. 장사가 안되는 이유를 물었습니다. 노래방은 도우미 수입이 많은데 단속에 걸려 벌금을 내기도 하고 영업정지를 당하기도 하니 힘들다는 것입니다. 교구 목사님의 심방도 받고 기도도 받았지만, 효과가 없다고 했습니다. 참으로 난감했습니다.

하나님은 부정한 일을 잘되도록 돕지 않으십니다. 이렇게 이기적인 성과를 위해서 하나님을 찾는 것은 샤머니즘의 기독교 버전입니다. 불법이 단속되지 않도록 비는 것은 교회가 아니고 무당이나 하는 일입니다.

오늘 교회가 예수의 이름을 부르고 십자가라는 용어를 빈번하게 사용하지만, 그리스도를 중심에 두지 않고 재물의 복, 건강의 복, 형통의 복을 받고 행복하겠다는 인간 중심의 색깔이 도드라져 있습니다. 하나님도 십자가도 부인하지 않으나 그리스도가 모든 것이 되지는 않습니다. 십자가의 복음은 희미하고 인간의 행복이 메시지의 중심이 되었습니다. 진리를 기뻐하고 생명처럼 붙들던 모습은 사라졌습니다.

기독교는 성경을 신앙과 삶의 기준으로 삼습니다. 그 성경은 오직 예수를 증언합니다.

> 요 5:39 너희가 성경에서 영생을 얻는줄 생각하고 성경을 상고하거니와 이 성경이 곧 내게 대하여 증거하는 것이로다

교회는 성경을 따라 세워졌고 설교는 성경에서 나온 것입니다. 그렇다면 교회는 그리스도 중심이어야 하고 메시지도 그리스도 중심이어야 합니다. 예수께서 교회를 그리스도로 충만케 하려고 자신을 교회에 쏟아부으십니다. 그래서 교회는 그리스도 중심의 모습을 갖게 됩니다. 교회는 그리스도를 보는 곳이며 교회의 지체인 신자의

삶은 그리스도를 나타내게 됩니다. 이것이 참된 교회이며 참된 신앙 생활이라 하겠습니다.

교회 안에 가만히 들어온 자기계발, 긍정주의, 심리요법, 도덕주의, 인본주의 기복주의는 인간의 행복과 만족을 향하고 있습니다. 이런 인간 중심이 진리와 혼합되며 진리는 모호해졌고 정욕은 보이는데 예수는 보이지 않게 되었습니다.

그리스도와 연합은 그리스도인이 그리스도의 장성한 분량에 이르기 위한 출발점입니다. 하나님 경외는 나의 삶과 신앙이 그리스도의 장성한 분량으로 향하는 것으로 나타납니다. 부와 명성과 성공을 향하는 것은 주께서 나를 사랑하사 자신의 생명을 주신 뜻과는 다른 길입니다. 예수님은 '내게 엎드려 경배하면 세상의 모든 영화를 다 주겠다'라는 사탄의 제안을 받으셨을 때, "주 너의 하나님께 경배하고 다만 그를 섬기라"(마 4:10)라는 말씀으로 그 영화를 물리치셨습니다.

교회 다니기는 쉽습니다. 모여서 그리스도를 찬양하고 높이고 그리스도의 주 되심을 고백하기는 쉽지만, 삶에서 십자가를 지신 예수 따르는 경배는 쉽지 않습니다. 내 본성이 예수 따르는 것을 싫어하기 때문입니다. 그래서 성령이 내 안에서 그 본성을 제어하고 예수의 길로 가도록 인도하십니다. 예수 따르는 길이 기쁘고 영광된 길임을 경험하게 하십니다. 성령은 나의 부와 성공이 아니라 예수의 길을 가는 경배를 드리도록 인도하십니다.

나는 지금 성화의 길, 예수의 길을 가고 있습니까? 상승의 길, 세상의 길을 가고 있습니까? 예수 그리스도의 장성한 분량에 이르는 길, 성화의 길이 평생에 주어진 소명이며 영광이며 상급입니다. 한번 생각해 보세요. 하나님과 원수 된 죄인이 어떻게 하나님을 믿고 경외하며 예수 그리스도를 따르는 성육신의 길을 가려고 하겠습니까? 그런 내가 성육신의 길을 가고 있다는 것, 그 자체가 최고의 상급이요 축복이지 않겠습니까?

예배와 기도와 말씀의 시간은 그리스도께서 '그리스도로 충만케 하시는 충만'을 받아들이는 시간입니다. 그래서 세상은 교회에서 나오는 그리스도를 보게 됩니다. 신자나 교회는 이 세상에서 그리스도를 볼 수 있는 곳입니다.

예수님께서 "나를 본 자는 아버지를 본 것이다"(요 14:9)라고 말씀하셨습니다. 그리스도를 따른다는 것은, 내 삶에서 다른 이들에게 하나님을 보여 준다는 말입니다. 그저 주일 예배, 십일조로 신앙생활을 잘하고 있겠거니 생각한다면 오해입니다. 주님과 친밀함에 거하며 그리스도를 받아들이는 데 몰입해야 하겠습니다. 그래서 그리스도가 흘러넘쳐야 하겠습니다. '나를 본 자는 곧 그리스도를 본 것이다.'

주 예수 그리스도시여, 우리에게 자비를!